Zu diesem Buch

Sportler müssen sich «mental neu einstellen», Führungskräfte sind fit nach einem «mentalen Training». Dahinter stecken Erkenntnisse über das Zusammenwirken verschiedener Sphären des Gehirns und neu entwickelte Methoden, ungenutzte Potentiale zu erschließen, Denken, Kreativität und Aufmerksamkeit zu fördern, Lernhemmungen zu beseitigen, das vegetative Nervensystem positiv zu beeinflussen, die Intuition und das schöpferische Unbewußte zu aktivieren. Die mentalen Spiele setzen dies in Anregungen für Kinder um.

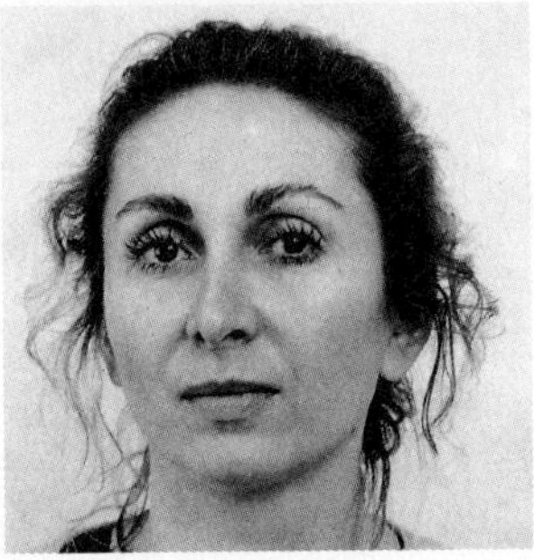

Dr. Gela Brüggebors ist Diplompädagogin, Mutter einer Tochter. Sie leitet in Hannover das IFBT-Institut für pädagogisch-psychologische Fortbildung (s. S. 4).

Anregungen und Kritik bitte an folgende Adresse: Büro für wissenschaftliche Publizistik Dr. Horst Speichert, Teutonenstr. 32 b, 65187 Wiesbaden. Hier erhalten Sie auch gegen Voreinsendung eines frankierten DIN-C6-Umschlags einen Prospekt der Reihe «Mit Kindern leben».

Gela Brüggebors

So lernen Kinder besser

Mentale Fähigkeiten fördern, Lernhemmungen beheben

rororo

Rowohlt

rororo Mit Kindern leben
Herausgegeben von Bernhard Schön und Horst Speichert
Redaktion Horst Speichert

Für Uschi Geißler, Achim Korff, Achim Pauselius, Inge Düwel

Das IFBT-Institut für päd.-psych. Fortbildung,
Beratung und Therapie, Schneckenburger Str. 30,
30177 Hannover, führt folgende Trainingskurse durch:
Mentales Training für Kinder,
Mentales Training für Erwachsene,
Mentales Training für Führungskräfte.
Bitte dort Info-Material anfordern!

13.–20. Tausend Juni 1996

Originalausgabe
Veröffentlicht im Rowohlt Taschenbuch
Verlag GmbH, Reinbek bei Hamburg, 1992

Der Band erschien 1992 unter dem Titel
«Klüger als die Eltern»

Umschlaggestaltung Peter Wippermann/
Jürgen Kaffer (Illustration: Mike Loos)
Fotos: Michael Seifert
Zeichnungen: Erich-Franz Meier
Gesamtherstellung Clausen & Bosse, Leck
Printed in Germany
1690-ISBN 3 499 60154 0

Inhalt

Zuvor

Was ist «Mentales Training»?

Manche halten es für eine neue Art der Gehirnwäsche, andere für ein «geistiges Exerzierprogramm». Wie die Höhlenbilder von Alta Mira vermuten lassen, ist das Mentale Training so alt wie der Homo sapiens selbst.

Ganz bestimmt kannten es die Griechen, Ägypter und Chinesen des Altertums, wenn auch nicht unter diesem Namen. Aber immerhin stammt der Begriff «mental» schon von den Römern. Die benannten mit «mens» (Genitiv: «mentis») den Verstand oder auch das Denkvermögen.

Wenn wir heute von «Mentalem Training» reden, bezeichnen wir mit «mental» die geistigen Leistungen, die vom Gehirn hervorgebracht werden.

Unsere Altvorderen haben ihr «mentales Potential» durch

- Auswendiglernen, Rezitieren und andere Gedächtnisübungen,
- Kontemplation (beschauliches Nachdenken),
- Atemübungen,
- Konzentration,
- logische Übungen,
- Kopfrechnen

und viele andere Techniken «wachgekitzelt» und gesteigert.

Vor der Erfindung der Buchdruckerkunst war es wichtig, das Wissen der Menschheit «mental», sozusagen «im Kopf» zu tradieren. Dabei

spielte das Verbale immer eine große Rolle. Texte wurden aufgesagt und so lebendig gehalten.

Kein Wunder, daß diese alten Methoden in modernisierter Form auch heute wieder im Repertoire des Mentalen Trainings zu finden sind, und neue sind hinzugekommen. Seit der Zeit unserer germanischen Vorfahren, seit der Kultur der alten Griechen und Römer und auch seit dem Mittelalter hat sich viel verändert.

Wo unsere Vorfahren sich im Urwald orientieren mußten, um Bären zu jagen, geht es heute um das «Zurechtfinden» im Gewirr von unübersichtlichen Autobahnkreuzen. Wo es Anno dazumal darum ging, sich die Strategien fürs Anpirschen an das Wild in freier Wildbahn anzueignen, geht es heute darum, sich in das Funktionieren eines Computerprogramms hineinzufinden. Wir alle wollen und müssen uns in einer immer komplexer und komplizierter werdenden Umwelt und vielleicht auch Innenwelt (Psyche) zurechtfinden, unsere Frau und unseren Mann stehen.

Wir brauchen heute ein anderes, ein erweitertes mentales Potential.

Auch für Kinder sind die Lebens- und Arbeitsbedingungen, sprich Schule, anders und wohl kaum leichter als für uns damals.

Ganz besonders deutlich wird die Veränderung und Erweiterung des Wissens an der Sprache.

Hand aufs Herz, haben Sie 1980 schon gewußt, was Video ist, und hätten Sie folgende Video-Gebrauchsanweisung verstanden: «Die Taste ‹Preset/Fine› drücken, und die Anzeige in der Multifunktionsanzeige wechselt von der Zeitanzeige auf die Positionsanzeige»?

*

Sie möchten Ihr Kind nicht quälen, wollen aber sein «Bestes». Sie wollen ein psychisch gesundes Kind, das auf den Leistungsdruck der Eltern und der Schule nicht mit Kopf- und Magenschmerzen reagiert. Sie möchten im Interesse des Kindes aber auch ein gutes Zeugnis sehen.

Sie wissen, daß dazu mehr notwendig ist als Auswendiglernen, Gelerntes behalten und wieder «herunterbeten».

Die neuen Erkenntnisse der Gehirnforschung lassen uns verstehen, wie die sogenannten Genies und andere außergewöhnlich erfolgreiche Menschen gelernt und ihre Erkenntnisse be- und verarbeitet haben.

Es sind keine «Spezialbegabungen». Es gibt etwas, das ein Tänzer wie Waslaw Nijinskij, ein Physiker wie Albert Einstein, ein Komponist wie Wolfgang Amadeus Mozart, eine Naturwissenschaftlerin wie Marie Curie und ein amerikanischer Erfolgsmanager wie Iacocca gemeinsam haben: das gute Zusammenwirken der beiden Gehirnhälften («Zum Hirnaufbau», s. S. 21) und hieraus herrührende Fähigkeiten wie bildhaftes Erkennen und ganzheitliches Wahrnehmen, intuitives Denken, die Fähigkeit zum «Anzapfen fließender Quellen».

Intuition ist ein «Wissen von innen heraus», und innere Bilder dringen erst ins Bewußtsein vor, wenn der Geist sich auf sich besinnen kann, das heißt, wenn das Gehirn hierfür nicht blockiert ist.

Das Unbewußte spielt bei der Kreativität des Menschen eine zentrale Rolle, und spätestens seit Sigmund Freud wissen wir, daß das von uns bewußt Wahrgenommene und Gedachte nur die «Spitze des Eisbergs» ist.

Was sich beim Genie durch glückliche Umstände zufällig und ohne bewußte Planung ergab, das können wir heute durch Mentales Training ansteuern.

«Mentales Training» ist somit eine Möglichkeit, das geistige Potential ihres Kindes zu aktivieren, und zwar auf angenehme Art und Weise und ohne negative Nebenwirkungen.

«Mentales Training» aktiviert

- die elektrischen und biochemischen Vorgänge im Gehirn,
- es fördert die Zusammenarbeit der rechten und linken Hirnhemisphären,
- es beeinflußt das vegetative Nervensystem positiv, das heißt, es unterstützt den Gleichgewichtszustand der beiden Hauptakteure Sympathikus und Parasympathikus und sorgt damit für Wohlbefinden,
- es beseitigt Spannungszustände der Muskulatur (Hypertonie),
- es verbessert die Sauerstoffversorgung des Gehirns,
- es beeinflußt positiv die psychischen Komponenten der mentalen Leistung durch Angstabbau, Motivation, Steigerung der Lust am Lernen,
- es aktiviert Kreativität, Intuition und das schöpferische Unbewußte.

Durch «Mentales Training» wird die Basis für konkrete Lernleistungen im Sinne von Wissensaneignung und Erkenntnisfähigkeit verbessert. Es ersetzt nicht das Lernen von Buchstaben, das Aneignen und Anwenden von Formeln oder das «Pauken» von Geschichtsdaten, aber es erleichtert es.

*

Wenn wir ein Haus bauen, fangen wir mit dem Fundament an. Das Fundament für mentale Leistungen ist ein funktionstüchtiges Gehirn.

«Mentales Training» macht Gehirne leistungsfähiger.

Mentaler Reichtum wird durch «Mentales Training» erreicht. Jeder Mensch kann sein privates, spezielles und individuelles Programm dafür entwickeln. Möglichkeiten, wie Sie das Gehirnpotential Ihres Kindes erwecken und ausbilden helfen können, werden in den nächsten Kapiteln vorgestellt als Grundlage für ein individuelles Lernprogramm.

Verbindungen, Verbindungen, Verbindungen – Sie sind das entscheidende Merkmal des gesamten Nervensystems von 100 Milliarden Nervenzellen (Neuronen), 15 Milliarden davon im Gehirn.

Kapitel 1

Das Gehirn und die Entwicklung mentaler Fähigkeiten

Die schulische und auch die häusliche Praxis des Lernens sind heute noch geprägt durch Unwissenheit über fundamentale Kenntnisse der mentalen Vorgänge. Nur wenige Lehrerinnen und Eltern kennen die Ergebnisse der Hirnforschung, und auch Schulbücher berücksichtigen sie bisher nur selten.

Dieser Forschungszweig steht zwar noch am Anfang seiner Möglichkeiten, aber wir wissen schon einiges über den «Bio-Computer» Gehirn und seine Lern- und Denkstrategien. Die Grundlage für Lern- und Denkprozesse des Gehirns sind Eingaben von außen über die Sinne, technisch ausgedrückt «Inputs», und deren Verarbeitung im Gehirn. Zum Lesen dieses Kapitels zum Beispiel finden ca. 100 000 chemische Reaktionen pro Sekunde in Ihrem Gehirn statt. Zwischen den ca. 12 Millionen Hirnnerven gibt es die Möglichkeit universeller Verbindungen, ihre Zahl ist astronomisch. Sie übersteigt unsere Vorstellungskraft.

Konkret: Sie lesen hier ein Buch über das Mentale Training und wollen den Inhalt verstehen, erfassen, begreifen, Ihr Wissen in Gesprächen anwenden. Versuchen Sie es mit der Methode, die Tony Buzan entwickelte und «mind mapping» nannte.

Unser Großhirn besteht aus zwei Hälften (Hemisphären). Diese werden durch einen Nervenfaserstrang verbunden, der Brücke oder Balken genannt wird (Näheres s. Kasten auf S. 16).

Das Gehirn: Die beiden ungleichen Brüder

Die Hirnforschung hat gezeigt (vor allem durch die Analyse von Phänomenen bei sogenannten splitting-brain-Patienten, also Menschen mit durchtrenntem Balken), daß die rechte Hirnhemisphäre andere Schwerpunkte und Aufgabenbereiche hat als die linke und umgekehrt. Der Balken hat ca. 300 Millionen Nervenfasern und ist damit die größte Nervenfaserbahn des Gehirns.
Obwohl diese Ergebnisse bzw. die Schlußfolgerungen nicht unumstritten sind, hier eine Aufstellung der den beiden Hirnhälften zugerechneten Eigenschaften:

Linke Gehirnhälfte	**Rechte Gehirnhälfte**
Hören	Sehen
kurzsichtig	weitsichtig
konvergierend	divergierend
analysierend	synthetisierend
abstrakt	konkret
rational	emotional
zeitlich	räumlich
digital	analog
objektiv	subjektiv
aktiv	passiv
angespannt	entspannt
parasympathisch	sympathisch
propositionell	appositionell
linear	simultan (zirkulär)
mental	intuitiv
wissenschaftlich	künstlerisch
introvertiert	extrovertiert
neurotisch	psychotisch

In den ersten Jahren geht es in der Schule primär ums Rechnen, Lesen, Schreiben, also nur linkshemisphärische Fähigkeiten der Kinder. Wenn Ihr Kind lieber «träumt» (phantasiert), sich bewegt oder «kritzelt», kommt es bald nicht mehr so recht mit und gilt als weniger intelligent, leistungsfähig, begabt, eventuell sogar als dumm. Rechtshemisphärische Aktivitäten wie Intuition, Humor, Bildersehen des Gehirns sind in der Schule wenig gefragt.
Nicht ohne Grund hatten Genies wie Einstein und Churchill ganz immense Schulprobleme.

Die Hirnforschung hat gezeigt, daß die rechte Hirnhemisphäre andere Schwerpunkte und Aufgabenbereiche hat als die linke. Im allgemeinen, das heißt bei Rechtshändern, ist die linke Hirnhälfte mehr für abstrakte, analysierende, rationale Gehirnvorgänge, die rechte Seite mehr für intuitive, emotionale, musikalische Gehirnvorgänge zuständig.

«Mind-Mapping» ist der Versuch, immer die jeweils andere Hirnhälfte miteinzubeziehen, wenn bestimmte Lernvorgänge einseitig sind. Es werden durch das Malen von Bildern beide Hälften des Gehirns aktiviert.

Ich schlage Ihnen also vor, sich beim weiteren Lesen dieses Buches Notizen in Form von «Denk-Karten» zu machen(s. Schema auf S. 18).

Sie werden sehen, daß Sie auf diese Weise von ganz allein eine Ihnen gemäße Ordnung in Ihre Gedanken bringen, die Ihnen zu einem sehr viel besseren Behalten hilft, als wenn Sie nur angestrengt versuchen, mit Ihren Augen die Inhalte dieses Buches aufzunehmen.
Ihr Gehirn ist beim «Aneignen» der Inhalte dieses Buches auf eine fließende Kooperation beider Gehirnhälften angewiesen.
Und so geht das Anfertigen einer «Denk-Karte».

1. Schritt: Eine Information aufnehmen. In diesem Falle durch Lesen, zum Beispiel:
«Wir wissen, unser Gehirn hat zwei Hälften, Hemisphären genannt, die unterschiedlich arbeiten, aber immer auch zusammenarbeiten.»

2. Schritt: Wir zeichnen die beiden Hirnhälften auf ein Blatt.

Und so geht das jetzt immer weiter (s. Zeichnung, S. 18).

Probieren Sie es.

Informationsaufnahme:
«Je besser die Zusammenarbeit ist, desto besser auch das Ergebnis.»
Zeichnerische Umsetzung:

Informationsaufnahme:
Nerven leiten elektrische Signale von Nervenzelle zu Nervenzelle, Nervenzellen werden auch Neuronen genannt. Neuronen gibt es im ganzen Körper. In den Sinnesorganen, im Gehirn, in Muskeln, Drüsen und Gefäßen. Die Impulse laufen von Neuronen zu Neuronen, von Neuronen im Auge zu Neuronen im Gehirn, von hier wieder zu Neuronen in der Hand usw.
Zeichnerische Umsetzung:

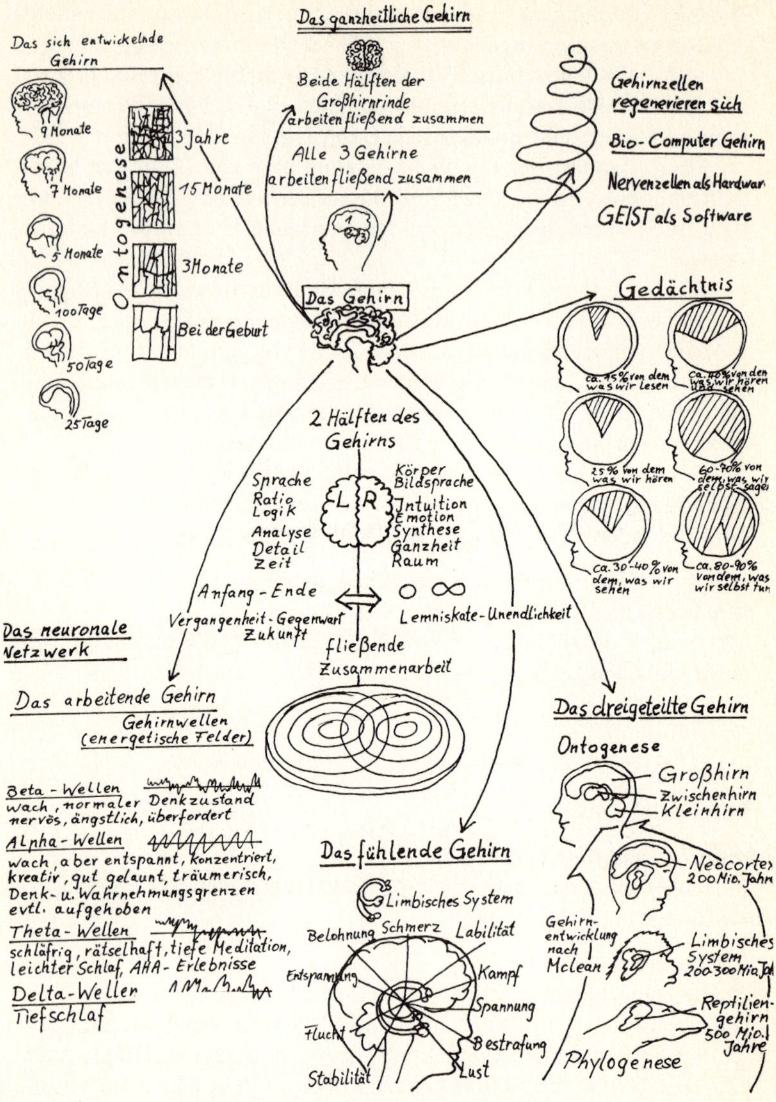

Das ganzheitliche Gehirn
Beide Hälften der Großhirnrinde arbeiten fließend zusammen
Alle 3 Gehirne arbeiten fließend zusammen
Das sich entwickelnde Gehirn
9 Monate
7 Monate
5 Monate
100 Tage
50 Tage
25 Tage
Ontogenese
3 Jahre
15 Monate
3 Monate
Bei der Geburt
Gehirnzellen regenerieren sich
Bio-Computer Gehirn
Nervenzellen als Hardwar
GEIST als Software
Das Gehirn
Gedächtnis
ca. 15% von dem was wir lesen
ca. 40% von den was wir hören und sehen
25% von dem was wir hören
60-70% von dem, was wir selbst sage
ca. 30-40% von dem, was wir sehen
ca. 80-90% von dem, was wir selbst tun
2 Hälften des Gehirns
Sprache
Ratio
Logik
Analyse
Detail
Zeit
L
R
Körper
Bildsprache
Intuition
Emotion
Synthese
Ganzheit
Raum
Anfang - Ende
Vergangenheit - Gegenwart Zukunft
Lemniskate - Unendlichkeit
fließende Zusammenarbeit
Das neuronale Netzwerk
Das arbeitende Gehirn
Gehirnwellen (energetische Felder)
Beta - Wellen
wach, normaler Denkzustand
nervös, ängstlich, überfordert
Alpha - Wellen
wach, aber entspannt, konzentriert, kreativ, gut gelaunt, träumerisch, Denk- u. Wahrnehmungsgrenzen evtl. aufgehoben
Theta - Wellen
schläfrig, rätselhaft, tiefe Meditation, leichter Schlaf, AHA - Erlebnisse
Delta - Wellen
Tiefschlaf
Das fühlende Gehirn
Limbisches System
Belohnung
Schmerz
Labilität
Entspannung
Kampf
Spannung
Flucht
Bestrafung
Stabilität
Lust
Das dreigeteilte Gehirn
Ontogenese
Großhirn
Zwischenhirn
Kleinhirn
Neocortex 200 Mio. Jahre
Gehirnentwicklung nach Mclean
Limbisches System 200-300 Mio. Jahre
Reptiliengehirn 500 Mio. Jahre
Phylogenese

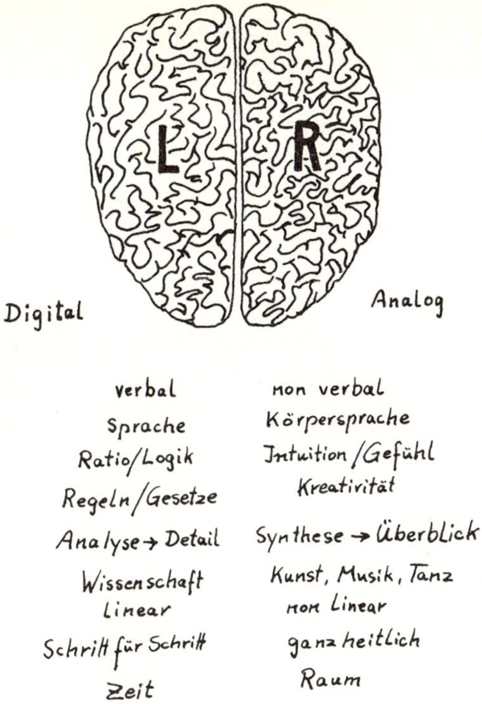

Informationsaufnahme:
«Im Körper gibt es ca. 100 Milliarden Nervenzellen, davon etwa 10 bis 15 Milliarden im Gehirn. Ein Neuron besteht aus einem Nervenzellenkörper mit dem Zellkern in der Mitte und zwei Arten von Fortsätzen, den Dendriten und den Axonen.»
Zeichnerische Umsetzung:

Informationsaufnahme:
«Dendriten empfangen Signale von anderen Nervenzellen, Axone leiten elektrische Impulse vom Zellkörper weg zu anderen Neuronen. Eine Nervenzelle für sich allein ist also ein ziemlich nutzloses Ding. Sie hat Sinn praktisch nur in der Kommunikation mit anderen Nervenzellen.»
Zeichnerische Umsetzung:

Informationsaufnahme:
«Dann gibt es noch Synapsen. Das sind Kontaktstellen zwischen Neuronen. Ein langes Ende von einer Nervenzelle endet am dicken Kern einer anderen Gehirnzelle.»
Zeichnerische Umsetzung:

Informationsaufnahme:
Wenn die Zellen miteinander «sprechen», schickt die Synapse «Neurotransmitter» in den dicken Kern. «Neurotransmitter» sind chemische Gehirnbotenstoffe.
Zeichnerische Umsetzung:

Unsere Denk-Karte ist jetzt schon sehr reichhaltig und bunt.

Dieses Bild ist die Basis Ihrer kreativen Assoziationen.

Es ist ziemlich unwichtig, wie Ihr Bild aussieht.

Es kommt nur darauf an, daß sie die Informationen handelnd und bildlich verarbeiten, damit also die beiden Hirnhälften in Gleichklang bringen und diese so an der Aneignung dieses Buches teilhaben lassen. Verwenden Sie Bilder, Symbole und Farben.

Assoziieren Sie, bevor Sie strukturieren.

Denk-Karten aktivieren beide Hirnhälften, sie verarbeiten handelnd das Gelesene.

Und, bitte, sprechen Sie bei der Erstellung Ihrer Denk-Karte! Sprechen Sie ruhig laut. Oder singen Sie sogar. Dann schöpfen Sie bis zu 90 Prozent Ihrer Kapazität aus und in besonders genialen Momenten auch 100 Prozent .

Ich fahre jetzt fort mit meinen Informationen über das Gehirn, ohne Sie im einzelnen zum Malen und Zeichnen und anderweitigem schöpferischem Verarbeiten aufzufordern.

Von jetzt an sind Sie selber der Chef bzw. die Herrin über die Zusammenarbeit Ihrer beiden Hirnhälften.

Tun Sie es aber weiterhin. Sie werden Erstaunliches an sich entdecken.

Der Aufbau des Gehirns

Die Abbildung unten zeigt das Gehirn mit seinen vier wichtigsten Teilen, die sich im Laufe der Evolution entwickelt haben: das Zwischenhirn, das Kleinhirn, Stammhirn und Großhirn.

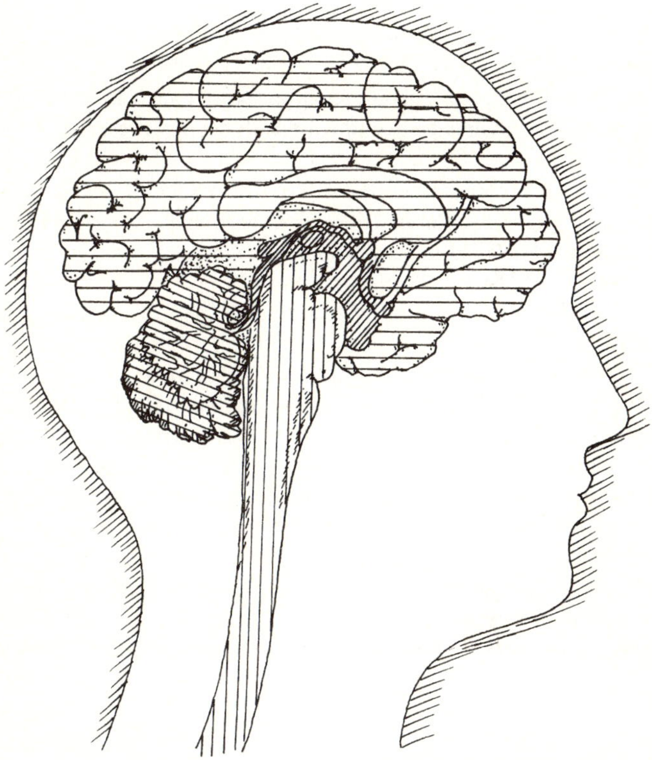

quer gestreift: Großhirn
nach links steigend: Kleinhirn
nach rechts steigend: Zwischenhirn
senkrecht gestreift: Stammhirn

Das Stammhirn ist der älteste Teil des Gehirns. Er begann sich vor gut 500 Millionen Jahren zu entwickeln. Es ist wichtig für die Steuerung lebensnotwendiger Stoffwechselfunktionen und für den Aktivierungsgrad des Gehirns (vom Schlaf bis zur Hyperaktivität).

Das Kleinhirn hat seine zentrale Funktion bei der Koordination der Körperbewegungen und der Körperhaltung.

Das Zwischenhirn ist das Steuerungszentrum für angeborene Bewegungsabläufe. In diesem Bereich liegt auch das «Limbische System», das für die Regelung der Körpertemperatur ebenso zuständig ist wie für den Blutdruck, die Pulsfrequenz, den Blutzuckerspiegel, aber auch für starke emotionale Reaktionen, etwa den Sexualtrieb bzw. das Kampf- und Fluchtverhalten.

Im **Großhirn,** auch **Cortex** genannt, ist der Ort für unsere Lern-, Bewußtseins-, Gedächtnis- und Empfindungsprozesse: die Großhirnrinde.

In der wurstähnlich gefalteten Großhirnrinde (Cortex) befinden sich bei einem Menschen ca. 10 bis 15 Milliarden Nervenzellen auf einer Fläche von 250 000 Quadratmillimetern, das sind 2500 Quadratzentimeter bzw. ein Viertel Quadratmeter.

Dieser jüngste Teil des Gehirns bildet die körperlich-materielle Grundlage für unser Bewußtsein. Mit Hilfe der Großhirnrinde können wir rechnen, schreiben, lesen, sprechen und denken.

Der Cortex besteht aus zwei Teilen (linke und rechte Hemisphäre) und diese wiederum jeweils aus vier Bereichen: Stirn, Scheitel, Schläfen und Hinterhauptlappen. Verbunden werden die beiden Hirnhälften durch einen Nervenstrang, der Balken oder Brücke genannt wird.

Der Balken hat ca. 300 Millionen Nervenfasern und ist damit die größte Nervenfaserbahn des Gehirns.

Ein gutes Zusammenspiel beider Hirnhemisphären und damit ein gutes Funktionieren der sie verbindenden Brücke ist wichtige Voraussetzung für komplexe mentale Leistungen. (Siehe dazu den Kasten auf S. 16.)

Die *Hinterhauptlappen* werden auch Sehrinde genannt. Hierher werden die durch die Augen aufgenommenen optischen Informationen weitergeleitet und verarbeitet.

Die *Schläfenlappen* heißen auch Hörrinde. Es wird angenommen, daß sie auch wichtig für das Gedächtnis und die Wahrnehmungsprozesse sind.

Die *Stirnlappen* kontrollieren einen Großteil der Hirnaktivität und arbeiten eng mit dem «Limbischen System» zusammen. Sie scheinen wichtig zu sein für Planungs- und Entscheidungsprozesse und sinnvoll für zielgerichtetes Verhalten.

Die *Scheitellappen* scheinen auch der Ort zu sein, wo Ganzheit entsteht; es gibt dafür noch keinen wissenschaftlichen Beweis.

Die einzelnen Nervenzellen (Neuronen) sind die Grundeinheiten des Nervensystems. Sie kommen in unterschiedlicher Form und Größe vor. Bis zu 100 Milliarden Neuronen gibt es im menschlichen Körper – etwa so viele Sterne werden auf der Milchstraße vermutet.

Neuronen bestehen aus dem Kern in der Mitte und zwei Arten von Fortsätzen, den Dendriten und den Axonen.

Dendriten empfangen Signale von anderen Nerven, Axone leiten elektrische Impulse vom Zellkörper weg. Synapsen sind Kontaktstellen zwischen Neuronen. Sogenannte Neurotransmitter werden von den Synapsen ausgeschüttet, um Erregung von einem Neuron auf eine andere Nervenzelle zu übertragen – sie sind chemische Gehirnbotenstoffe.

Man kann gar nicht genug betonen, wie wichtig eine ungestörte Entwicklung des Gehirns für die mentalen Fähigkeiten ist. Es dürfen nicht zu viele Reize auf das Kind einströmen (Intelligenzförderung um jeden Preis), auch nicht zu wenige, da dann der «Anreiz» zu Verzweigung» und «Bahnung» fehlt.

Vor allen Dingen sollten schädigende Einflüsse und Schadstoffe, seien es Nikotin, Alkohol, (Umwelt-)Gifte, die den Stoffwechsel des unreifen Gehirns negativ beeinflussen, aber auch viele Pharmazeutika, vom sich entwickelnden kindlichen Gehirn ferngehalten werden (auch intrauterin, also vor der Geburt).

Wir wissen heute, daß die Größe des Gehirns nicht erblich bedingt ist, sondern auch in späteren Lebensjahren ein deutlicher Zuwachs der Hirnnervenzellen durch Stimulation erreicht werden kann. Neuere Forschungen haben ebenfalls ergeben, daß auch Gehirnzellen regenerationsfähig sind.

Daher liegt es nahe, daß sich das richtig stimulierte Gehirn selbst heilen bzw. sein Potential ausweiten kann.

Die Reifung des Gehirns

Von grundlegender Bedeutung für die seelisch-körperliche Entwicklung ist die Reifung des Gehirns. Beim Neugeborenen sind die Nervenzellen noch längst nicht so miteinander vernetzt, wie das später der Fall ist, auch ist ein großer Teil der Nervenbahnen nicht richtig funktionstüchtig, weil die sie umgebende Markumhüllung noch nicht ausgebildet ist.

Diese Markumhüllung (Myelinschicht) ist für die Leitung der Nervenimpulse von großer Bedeutung.

Ein Kind kann erst dann krabbeln, laufen, sprechen lernen, wenn die beteiligten Hirnzentren und Nervenbahnen ausreichend ausgereift sind.

Andererseits wissen wir, daß die Reize, die das Kind aufnimmt, das Wachstum der Hirnzentren und Nervenbahnen stimulieren und auch in seiner Form beeinflussen.

Wie wichtig die Außenreize sind, zeigt auf eindrückliche Weise das Experiment, das der Kaiser Friedrich II. im Mittelalter machte. Er wollte wissen, welches die Ursprache der Menschen sei, und hoffte, sie dadurch zu erfahren, daß kleine Kinder sich entwickelten, ohne daß man mit ihnen sprach. So könnten sie ja nichts nachahmen und müßten so auf die menschliche Ursprache zurückgreifen. Deshalb ließ er 200 Neugeborene von Ammen körperlich aufs beste versorgen. Aber sie durften nicht mit den Säuglingen sprechen. Alle Kinder starben.

Das Experiment zeigt, daß ohne Sinnesreizung keine Sinnesentwicklung, also auch keine Gehirnreifung, möglich ist. Sie ist Voraussetzung nicht nur für die mentale Entwicklung, sondern fürs Überleben.

Das Kind benötigt aber nicht nur die Reize einer ganz normalen Umwelt—Geräusche, Singen der Vögel, Musik, Sprache und Ansprache, sondern auch die Reize aus sich selber, die etwa mit dem eigenen Tun, dem Schreien, dem Krabbeln usw. verbunden sind.

Das durchschnittliche Hirngewicht eines Zweijährigen hat ca. 70 Prozent des Hirngewichts eines Erwachsenen erreicht. Organische Veränderungen im Gehirn finden aber auch noch statt, wenn das Gehirn schon ausgewachsen ist. Nach neuesten Erkenntnissen sogar noch im fünften Lebensjahrzehnt.

Wie wir denken, lernen, fühlen

Wie machen wir es, denn unser Gehirn gehört schließlich zu uns , daß wir denken, lernen, fühlen, behalten und reagieren können?

Das Schaltwerk (Gehirn), die Bahnen, über die wir Sinnesreize (Sensorik) ins Gehirn schicken, die Bewegungen (Motorik), die das Gehirn an den Rest des Körpers sendet, und die geistig psychischen Prozesse werden im Körper des Menschen durch das NERVENSYSTEM repräsentiert.

Es gibt das periphere (Rückenmark) und das zentrale Nervensystem (Gehirn).

Wo diese einzelnen Elemente des Nervensystems sitzen und wie sie arbeiten, wollen wir uns jetzt anschauen.

Zuerst müssen wir uns klarmachen, wie das Gehirn an «Nahrung» kommt. In der Regel erhält es die Impulse (Inputs/Reize) durch die sensorischen Eindrücke, die jeder Mensch jederzeit über seine sieben Sinneskanäle bezieht, welche sind:

- das Sehen (Augen),
- das Hören (Ohren),
- das Riechen (Nase),
- das Schmecken (Mund/Zunge),
- das äußere Fühlen (Körperoberfläche),
- das innere Fühlen (aus dem Körperinneren),
- der Gleichgewichtssinn (Labyrinth im Innenohr).

Durch die sensorischen Bahnen gelangen die Reize aus den Sinnesorganen in das Gehirn und durch die motorischen Nervenbahnen zu den bewegungsunfähigen Körperteilen.

Wenn Ihr Kind zum erstenmal die heiße Herdplatte berührt, laufen die taktilen Impulse durch die sensorische Nervenbahn in das Gehirn. Dort wird der Befehl über die motorische Bahn an die Hand weitergegeben: Achtung, Gefahr: zu heiß! Hand sofort wegziehen! Wobei dieser Prozeß nicht in das Bewußtsein vordringen muß, sondern höchstwahrscheinlich automatisch, reflexhaft passieren wird.

Also, wer einmal so richtig schmerzhaft mit der heißen Herdplatte in Berührung gekommen ist, weiß sofort für alle Zeiten: Auf keinen Fall mit den Fingern einem heißen Herd zu nahe kommen! Dieser Lerninhalt «rutscht» sofort automatisch in das Langzeitgedächtnis (LZG).

Wir müssen diese Erfahrung und den Merksatz nicht trainieren, pauken oder uns einbleuen, er sitzt für immer tief verankert in uns.

In der Schule halten sich derartig eingreifende Erlebnisse in Grenzen. Was uns brennend interessiert, behalten wir auch, aber was ist mit all den anderen Dingen, den Daten und Fakten der Geschichte, den Chemie-, Physik- und Matheformeln, den Inhalten der Werke Shakespeares etc.? Diese Informationen rutschen nicht automatisch in das Langzeitgedächtnis, sondern kommen ins Kurzzeitgedächtnis.

Dieses Kurzzeitgedächtnis stellen wir uns wie ein Sieb vor, alles nicht so wichtige fällt sozusagen durch die Löcher und ist futsch. Das langweilige Vokabel-Lernen will nicht gelingen, da das «Sieb» Kurzzeitgedächtnis einfach zu viele Löcher hat. Es scheint viel wichtiger zu sein, ob Boris Becker in Wimbledon gewinnt und nicht so sehr, sich einzupauken, wie Kindergarten auf englisch heißt.

Na ja, beim Abhören bekommt man es gesagt, baut sich vielleicht eine Eselsbrücke, und dann sind der deutsche Kindergarten und der englische Kindergarten im Langzeitgedächtnis gelandet.

Warum? Weil Eselsbrücken gehirngerecht sind, sie sind Bilder oder Wortspiele, mit denen die rechte und die linke Gehirnhälfte (s. S. 16 und 19) etwas anfangen können. Die Wörter gehen ins linke Gehirn, die Bilder und rhythmischen Sprachelemente ins rechte Gehirn, und sofort ist mentales Lernen ein Kinderspiel.

Eine andere Art des Lernens ist die, durch das Erfahren von neuen Zusammenhängen sein Bewußtsein zu verändern. So kann ihr Kind zum Beispiel durch die Lektüre eines Buches über das schwierige Leben eines türkischen Mädchens in Deutschland sein Bewußtsein (und eventuell auch seine Handlungen) verändern und mehr Toleranz, Verständnis und Anteilnahme für ausländische Kinder in Deutschland aufbringen.

Das Gehirn als elektromagnetische Werkstatt

Neuronen bestehen aus dem Kern in der Mitte und zwei Arten von Fortsätzen, den Dendriten und den Axonen.

Dendriten empfangen Signale von anderen Nerven, Axone leiten elektrische Impulse vom Zellkörper weg. Synapsen sind Kontaktstellen zwischen Neuronen. Sogenannte Neurotransmitter werden von den Synapsen ausgeschüttet, um Erregung von einem Neuron auf eine andere Nervenzelle zu übertragen – sie sind chemische Gehirnbotenstoffe.

Ob wir es bewußt in Bewegung setzen oder ob wir es einfach nur machen lassen wie zum Beispiel beim Träumen: Wenn unser Gehirn arbeitet, erzeugt es elektrochemische Impulse. Manchmal sind die so stark, daß einem die Haare zu Berge stehen. Weil sie nämlich alle elektrisch geladen sind und sich dadurch gegenseitig abstoßen.

Diese elektrischen Impulse werden von den Nervenzellen an andere Nervenzellen gesendet, von diesen empfangen und verarbeitet, zum Beispiel indem Muskeln zusammengezogen werden. Ein Augenlid geht in die Höhe. Oder sonst etwas geschieht.

Diese elektrische Tätigkeit des Gehirns erzeugt elektromagnetische Schwingungen.

Diese Schwingungen sind meßbar.

Sie «pulsieren» ein- bis dreißigmal in der Sekunde. Der Fachmann sagt: Es handelt sich um Schwingungen mit einer Frequenz zwischen 1 und 30 Hertz. Hertz wird hier deshalb mit einem «t» geschrieben, weil diese Schwingungsfrequenz pro Sekunde nach einem Pionier der Radiotechnik, dem Physiker Heinrich Rudolf Hertz, getauft wurde.

Gemessen werden diese Gehirnwellen mit einem Gerät, das Elektroenzephalogramm heißt. Abgekürzt wird das EEG, und davon hat beim heutigen Stand der medizinischen Technik wahrscheinlich jeder schon mal gehört.

Wellen mit einer Frequenz von 14 bis 30 Schwingungen in der Sekunde (= 30 Hertz) nennt man **Beta**wellen. Sie gehen mit einem wachen, für die Aufnahme von Außenreizen, ja im Extremfall alarmbereiten Zustand einher.

Wellen mit einer Frequenz von 8 bis 13 Schwingungen in der Sekunde (= 8 bis 13 Hertz) nennt man **Alpha**wellen. Sie gehen mit einem entspannten Wachzustand einher, speziell bei geschlossenen Augen. Sie sind verbunden mit dem Gefühl des ruhigen Fließens und einem gesteigerten Empfinden für die Ganzheitlichkeit von körperlich-mentalen und psychisch-mentalen Vorgängen.

Wellen mit einer Frequenz von 3 bis 7 Schwingungen in der Sekunde (= 3 bis 7 Hertz) nennt man **Theta**wellen.

Diese sind kennzeichnend für das Schlaf-Bewußtsein und für tiefe Konzentrations- oder Meditationszustände. Sie gehen oft einher mit gesteigertem und bildhaft-intuitivem Erinnern und Vorstellen.

Wellen mit einer Frequenz von 0 bis 3 Schwingungen in der Sekunde (= 0 bis 3 Hertz) nennt man **Delta**wellen. Die Deltawellen finden sich in Bewußtseinszuständen, die wir als tiefen Schlaf, Hypnose und Trance bezeichnen.

Die inneren und äußeren Sinne

Der Mensch ist über seine fünf Sinneskanäle mit der Außenwelt verbunden. Über das Hören, Sehen, Fühlen, Riechen und Schmecken erfahren wir, was da außerhalb unseres Körpers ist.

Das Gleichgewichtssystem und das Gefühl für Vorgänge im Inneren unseres Körpers vermitteln uns Daten aus unserem Körper.

Alles wird im Gehirn verarbeitet, so werden aus elektrischen und chemischen Impulsen mentale Erkenntnisse.

Die Sinnesentwicklung beginnt schon

im Mutterleib. Das Baby beginnt zum Beispiel bereits ab dem vierten Monat, die Sprache seiner Mutter zu hören und somit auch zu lernen.

Da die Sinne für die mentale Entwicklung so wichtig sind, finden Sie zahlreiche mentale Sinnesübungen in den Kapiteln weiter unten.

Die Zentren unseres Zentralnervensystems sind in drei Richtungen geschaltet:

- Wahrnehmung über die sieben Sinne,
- durch die Motorik auf die Sinne,
- das Ganze wird erinnert (Gedächtnisfunktion).

Diese Vorgänge erfolgen natürlich nicht linear in einer Richtung, sondern verdrahtet, untereinander abhängig.

**Hören …
und hörbar
machen …**

Sehen und fühlen

… und riechen

Gleichgewichtssinn: Wichtiger, als die meisten ahnen

Über die inneren Wahrnehmungen nehmen wir die motorischen Vorgänge wahr wie mit den nach außen gerichteten Wahrnehmungsorganen die Außenwelt.

Die Körperbeherrschung

Im Vorschulalter vollzieht sich das kindliche Wachstum langsamer als in den ersten drei Lebensjahren. Das gilt auch für das Gehirnwachstum. Das Wachstum des Gehirns erfolgt einerseits in einer fortschreitenden Differenzierung der Hirnzellen – ob sie bei der Geburt wirklich alle schon vorhanden sind, ist wissenschaftlich umstritten – und in der Zunahme des Stützgewebes.

Von allen Entwicklungen, die ein Kind in den ersten beiden Lebensjahren durchmacht, ist die zunehmende Körperbeherrschung wohl die auffälligste.

Am Anfang liegt ein Wesen vor uns, das nur zu wenigen gezielten Bewegungen – wie zum Beispiel Daumen in den Mund stecken – fähig ist.

Durch die Reifung des Zentralnervensystems gelangt das Kind mehr und mehr zu einer «Willkürmotorik», also zu einer Steuerung einzelner Bewegungen und Bewegungsabläufe, für deren Erlernen selbstverständlich die Erfahrungen mit dem eigenen Körper, Herumdrehen, Krabbeln, Sich-Aufrichten, Setzen etc. genauso wichtig sind.

Zunehmende Körperbeherrschung bedeutet vor allem zunehmende Beherrschung des Gleichgewichts und der Auge-Hand-Koordination.

Dazu muß das Gehirn über die Nervenbahnen der Muskelsinnesorgane die allerfeinsten Informationen über die Stellung vieler Muskeln gleichzeitig empfangen können.

Was aber hat die Entwicklung der Körperbeherrschung mit mentalen Prozessen zu tun? Sehr viel! Wir lernen sozusagen über und durch unsere Bewegungen.

Das Gehirn erhält durch diese körperlichen Erfahrungen maßgebliche Wachstumsimpulse.

Das Wort Be-greifen drückt diesen Zusammenhang sehr gut aus.

In den frühen Lernphasen sind Motorik und Denken sehr eng miteinander verknüpft, beide Hirnhälften schwingen zusammen. Ja, offenbar ist der gesamte Körper nicht nur am Lernen beteiligt, sondern auch ein Medium der Erinnerung. Neueste Forschungsergebnisse zeigen, daß «alles mit allem» verknüpft ist und wir auch ein kleines bißchen mit unserem großen Zeh denken.

Wie laufen Lernprozesse konkret ab?

Der Lernprozeß ist unsichtbar. Er spielt sich im Körper und dabei wohl zum großen Teil im Kopf eines Menschen ab. Ob jemand etwas gelernt hat, beurteilen wir nach seinen wahrnehmbaren Äußerungen und Handlungen.

Irgendwann kann das Kind einen Stuhl als Stuhl erkennen und benennen, irgendwann hat es gelernt, seinen Namen zu schreiben.

Was ist bei diesen Lernprozessen passiert?

Das Kind hat über Wahrnehmungs-, Bewegungs- und Speicherungsprozesse (Gedächtnis) etwas in seinem Gehirn bewegt – ein mentaler Vorgang findet sein Output im Sprechen oder Schreiben.

Höhere mentale Denkvorgänge basieren auf einem typisch menschlichen Sich-vorstellen-Können, Sich-Ablösen vom Konkreten und der Fähigkeit, im Gehirn mehrere Möglichkeiten oder Dinge miteinander zu vernetzen.

Wir können in Gedanken ein mentales Problemlösungsspiel darüber betreiben, wie wir die Versicherungsgesellschaft am besten betrügen.

Unsere Kinder spielen mental durch, wie sie am besten an den hochgestellten Kuchen in der Vorratskammer gelangen können, ohne Spuren zu hinterlassen. Egal ob

- Wahrnehmung,
- Emotionen, Interesse und Motivation,
- Konzentration, Zielstrebigkeit und Ausdauer,
- Gedächtnis, Speicherung,
- Vergleich, Kombination und Koordination,
- Differenzierung (Unterscheidung),
- Generalisierung (Verallgemeinerung), Verbindung,
- Systematisierung (ordnen, gliedern),
- Analyse (einen Sachverhalt zergliedern),
- Synthese (Zusammenbringen von Teilen zu einem Ganzen),
- Kreativität,
- Motorik, Musikalität,

alles sind mentale Prozesse. Hochkomplizierte mentale Aktivität basiert auf einfachen mentalen Prozessen, und die Basis aller mentalen Prozesse sind Sinnes- und Bewegungsaktivitäten.

Einige Basisleistungen sind für das mentale Lern- und Denktraining besonders wichtig.

Die Grundleistung «Codierung»

Codierung ist die Umsetzung einer von außen oder von innen kommenden Information in eine andere Form, die sie uns für später verfügbar macht. Das ist die Leistung unseres Gedächtnisses. Das Gedächtnis ist die Voraussetzung eines jeden Lern- und Denkprozesses –aber auch aller emotionalen Erlebnisinhalte.

Der Mensch lernt, Dinge und Vorgänge, die er einmal real und konkret wahrgenommen und erlebt und in seinem Gehirn gespeichert hat, unabhängig von Raum und Zeit in seinem Kopf zu wiederholen. Wir haben die Augen geschlossen, dabei können wir vor unserem «inneren» geistigen Auge den Affen vom letzten Zoobesuch aufrufen.

Das erste sichtbare Zeichen für diese Fähigkeit zum Be-halten (auch hier sagt die Sprache aus, wieviel das alles mit Bewegung zu tun hat) ist das Wiedererkennen, das bereits beim Kind im ersten Lebensjahr zu beobachten ist. Diese «Reproduktions»leistungen sind dann jedoch noch recht labil und meist nur von kurzer Zeitdauer.

Während des Vorschulalters verbessert sich die Gedächtniskapazität des Kindes deutlich. Auch das Empfinden von Zeit differenziert sich:

- Für ein Kind von drei bis vier Jahren ist die Spieldauer der beiden Seiten einer Langspielplatte eine verstehbare Zeiteinheit.
- Für ein Kind von acht Jahren ist es eine halbe Stunde.

Noch im Vorschulalter lernt das Kind, sich an Vergangenes zu erinnern. Das Erinnern ist gegenüber dem Wiedererkennen eine fortgeschrittene mentale Leistung, da ohne direkte Wahrnehmungseindrücke etwas Gespeichertes aus dem Langzeitgedächtnis abgerufen wird. Die Merkfähigkeit des Kindes wird durch Gedächtnisstrategie – wie das Wiederholen und Aufzählen – beeinflußt.

Die gespeicherten Erfahrungen und die mentalen Reproduktionen bilden die Grundlage für höhere mentale Prozesse wie Inhaltsbestimmung, Analyse, Synthese und Sinngebung.

Mentales Training muß die Kinder abholen, wo sie in ihrer Entwicklung gerade stehen.

Zu hohes Ansetzen bringt Frust, Enttäuschung und Minderwertigkeitsgefühle mit sich.

Die wesentlichen Schwierigkeiten der mentalen Entwicklung liegen bei den Wahrnehmungs- und Bewegungsprozessen.

Kapitel 2

Hirnchen 1 – Einführung in Mentales Training für Kinder

Dieses Kapitel ist dafür gedacht, daß Sie es Ihren Kindern vorlesen. Bitte stellen Sie dafür Papier und Buntstifte/Farben bereit.

Liebe Kinder,
wißt ihr, wie es in eurem Kopf aussieht?

Laßt uns zusammen eine Abenteuerentdeckungsreise durch unser Gehirn machen. Wir besteigen dazu die Gehirnerforschungsrakete «Hirnchen Nr. 1».

Wir schließen die Augen und stellen uns «Hirnchen 1» vor.

Wie sieht euer «Hirnchen 1» aus?

Beschreibt es mir bitte! Und malt es mir auf.

(Die Kinder beschreiben und malen …)

Bitte reden Sie mit den Kindern über ihre Vorstellungen und Bilder, indem Sie auf Einzelheiten eingehen: «Aha, dein Hirnchen hat also so große Ohren, kannst du mir auch sagen, warum? usw.

So, jetzt sind wir soweit.

Wir sprechen jetzt den Gehirnraketen-Verkleinerungs-Spruch. Und dabei schreiben wir auch die Zahlen auf.

«Eins, zwei, drei,
Hirnchen komm herbei,
vier, fünf, sechs,
du wirst jetzt verhext,
sieben, acht, neun und zehn
auf daß du klein wirst wie diese 10.
(die 10 ganz, ganz klein schreiben)
1 2 3 4 5 6 7 8 9 10.

Mein «Hirnchen

1» wandert jetzt langsam nach oben, ich spüre es richtig kribbeln. Jetzt ist es im Hals, hoffentlich muß ich nicht husten.

Jetzt steigt es langsam im Nacken das Stammhirn hoch und landet schließlich im Gehirn.

«Mein Gott, ist hier ein Durcheinander!»

«Hirnchen 1» muß sich erst mal an all die vielen Nervenbahnen und Leitungen gewöhnen, aber auch an die Geräusche: Es saust und zischt ununterbrochen! «Ja, so ist es hier. Ein Impuls jagt den anderen!»

Hirnchen 1 denkt: «Impuls, was ist denn das?»

Aber bevor Hirnchen 1 intensiv darüber nachdenkt, wird ihm ganz komisch.

«Wer hat da mit mir gesprochen?»

«Ist da jemand?» fragt Hirnchen erschrocken.

«Ha, ha! Was glaubst du Einfaltspinsel denn, wo du bist?! Im Gehirn! Und wer, denkst du, redet mit dir, diesem überflüssigen Eindringling? Ich, das Gehirn!»

Hirnchen 1 ist erschrocken und erstaunt zugleich. «Ah! Ist ja klar!» sagt Hirnchen 1, obwohl es ihr nicht klar ist, aber wer gibt schon gerne zu, daß er sich wundert?

«Und wo bist du?»

«Wo? Na, hier, überall im ganzen Kopf, ich bin das Gehirn und rede mit dir! Ich bin überall zur gleichen Zeit. Ich kann alles, was der Körper kann, und, ohne mich besonders aufspielen zu wollen, noch ein bißchen mehr!» meint das Gehirn stolz.

«Kannst du mich auch kratzen, da vorn an der Raketen-Nasenspitze seitlich rechts? Es juckt mich so!»

«Gerne, gerne!» sagt das Gehirn, und schon spürt Hirnchen 1 ein angenehmes Reiben an seiner Nasenspitze seitlich rechts.

«Danke, danke!» sagt Hirnchen 1.

7 8 9 10

«Bitte, bitte», sagt das Gehirn, «ich kann aber noch viel mehr! Wenn ich dir mal die besondere Spezialität meines Balkens, die exorbitante Hirnhemisphärensynchronisation, vorstellen dürfte?» fragt das Gehirn, und seine Stimme klingt recht einschmeichelnd.

«Im Moment nicht so gern, ich habe einen Auftrag auszuführen!» antwortet Hirnchen 1 (aber eigentlich mehr aus lauter Graus vor der «exorbitanten Hirnhemisphärensynchronisation» als aus Zeitnot).

«Dann eben nicht», sagt das Gehirn leicht pikiert.

«Aber du könntest mein Reiseführer sein! O ja, bitte, bitte! Es ist so verwirrend hier! Alles voller Leitungen, die ständig funken, piepen, blinken und blitzen.»

Schließlich muß Hirnchen 1 das Gehirn bei guter Laune halten. Es hat eine große Abenteuerentdeckungsreise vor und ist schließlich als ungebetener Gast in das Gehirn eingedrungen.

«Ich als mein eigener Reiseführer», sagt das Gehirn leicht seufzend. «Na gut, aber bevor wir gemeinsam auf Entdeckungsreise gehen, wollen wir die einfachsten Formen der Höflichkeit einhalten. Darf ich mich vorstellen, ich heiße .... (Setzen Sie hier den Namen Ihres Kindes oder eines der zuhörenden Kinder ein.)

«Angenehm, Hirnchen! Mein Vater war die Challenger 13 und meine Mutter Ariane 2.»

«Freut mich, deine Bekanntschaft zu machen», antwortet das Gehirn und verbeugt sich, was bei Hirnchen 1 als kleines Hirnbeben, etwa Stärke sechs, ankommt. «Also, ich bestehe aus ca. 12 bis 15 Milliarden

Nervenzellen und Billionen Nervenverbindungen; das sind diese Dinger da», sagt das Gehirn und zeigt auf so eine Leitung.

«Genau weiß ich es nicht. Ich werde beim Zählen immer abgelenkt, zum Beispiel durch eingedrungene Forschungsraketen.»

Hirnchen 1 fühlt sich schuldig.

«Kannst du dir vorstellen, was eine Billion ist? Eine Billion ist eine Million Millionen.»

«Du hast wirklich verdammt viele von diesen Dingern, wie heißen sie noch?» fragt Hirnchen 1 verwirrt.

«Nervenzellen!»

«Ja, verdammt viele Nervenzellen. Mehr als Dagobert Duck Geld hat?»

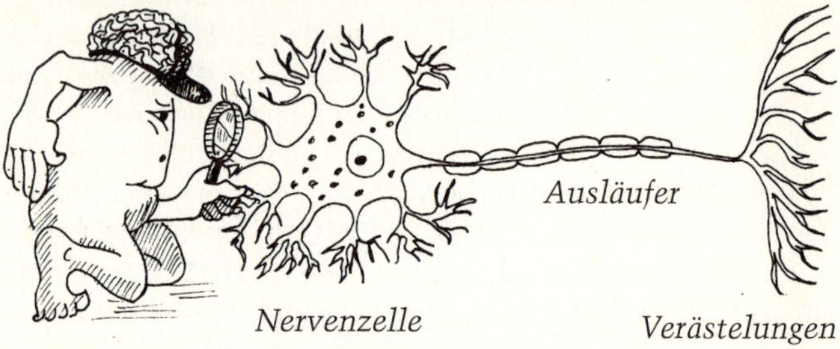

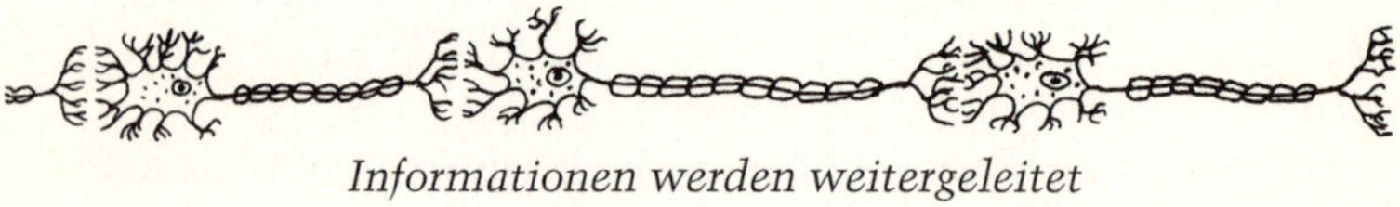

Hirnchen an einer Nervenzelle mit einer Leitung zu einer anderen Nervenzelle. Die meisten haben sehr viele Verbindungen zu anderen «Neuronen».

«Viel, viel mehr; daher ist es auch so schwierig mit mir!» Das Gehirn seufzt. «Manchmal gerät mir etwas durcheinander. Da kann ich mich nicht mehr daran erinnern, daß meine Mutter gesagt hat: ‹Aufräumen, ...› (Namen des Kindes einsetzen)

Oder in der Schule fällt mir in der Mathearbeit einfach nicht mehr ein, wieviel 6 mal 18 ist!»

«Kenn ich, kenn ich!» sagt Hirnchen 1 beruhigend. «In unserer

Universitätsschule für zukünftige Raumfahrzeuge konnte ich manchmal auch ganz einfache Formeln nicht verstehen.»

«Oje», denkt das Gehirn, «das mit dieser mathematischen Formel ist für mich auch so ein Problem. Wenn ich mich nur besser konzentrieren könnte.»

«Meine Urgroßtante aus Rußland, Kosmolda, war mal im Gehirn von Einstein. Soll so eine Unordnung gewesen sein wie bei dir!» sagt Hirnchen 1 vorlaut und bereut es gleich wieder, denn das Gehirn hört das Wort Unordnung gar nicht gern, es funkt und blitzt ganz mächtig vor Zorn.

Im Gehirn von Einstein soll eine schreckliche Unordnung gewesen sein ...

«Unordnung! Also, ich werde dich ungebetenen Gast rausschm...»

Aber dann besinnt sich (Name einsetzen) und sagt geschmeichelt: «Was sagst du, mein Gehirn ist so ähnlich wie Einsteins? Ich bin sehr erfreut, dieses aus deinen Gedanken zu hören. Darf ich dich zu einer Nervenfahrt ins Großhirn einladen?» sagt .... (Name)

«O ja, gern!» Hirnchen 1 freut sich riesig. «Wo bin ich denn im Moment?»

«Im Kleinhirn, und da du auf einer Leitung stehst, kann ich mich nicht richtig bewegen!»

«Das Kleinhirn ist also für Bewegung zuständig», denkt Hirnchen 1, «stimmt also, was zu Hause in den Büchern stand. Von hier aus habe ich eine direkte Verbindung zum Zwischenhirn, nicht wahr?!»

«Ja, komm, fahr ins Zwischenhirn, los geht die Fahrt.» Und viel, viel schneller als der schnellste Intercity oder Formel-1-Rennwagen fährt, nein, gleitet Hirnchen 1 ins Zwischenhirn.

«Schön hier. Ich fühle mich gut.»

«Kein Wunder, dieser Teil von mir ist ja auch für Gefühle zuständig. Ich mache dir jetzt mal kurz Angst, Wut, Liebe, Haß, Trauer, Sehns ...»

«Nein, lieber nicht, das ist mir zuviel auf einmal. Ich glaube dir, liebes Hirn, und besonders dir, liebes Zwischenhirn, daß du all das kannst.»

«Schon gut, schon gut, aber bitte bewege dich etwas vorsichtiger, sonst wird die Hypophyse zu stark geschüttelt, und ich wachse zu schnell.»

«Die Hüpofüse macht das Wachsen?» fragt Hirnchen 1, das sich im Moment etwas klein geraten findet.

«Klar, aber ich bin, im Gegensatz zu dir, groß genug für mein Alter», sagt das Gehirn.

«Ja, ich war auch schon mal größer, aber ein Zauberspruch hat mich schrumpfen lassen, damit ich hier reinkonnte», sagt Hirnchen.

«Oje», denkt das Gehirn (Name einsetzen), «das war ja ich.»

Und (Name) merkt, daß Hirnchen sich erregt. «Beruhige dich, nach deiner Reise mach ich dich so groß, wie du willst, aber jetzt mußt du mich erst mit mir zusammen erforschen. Ich kann es so schwer allein!»

«Versprochen?!?» fragt Hirnchen etwas ängstlich und ungläubig. «Versprochen ist versprochen und wird nicht gebrochen.»

«So groß, wie ich will, ist gut», denkt Hirnchen.

«Laß uns weiterreisen», schlägt Hirnchen vor, und «schwupp» ist es im Großhirn.

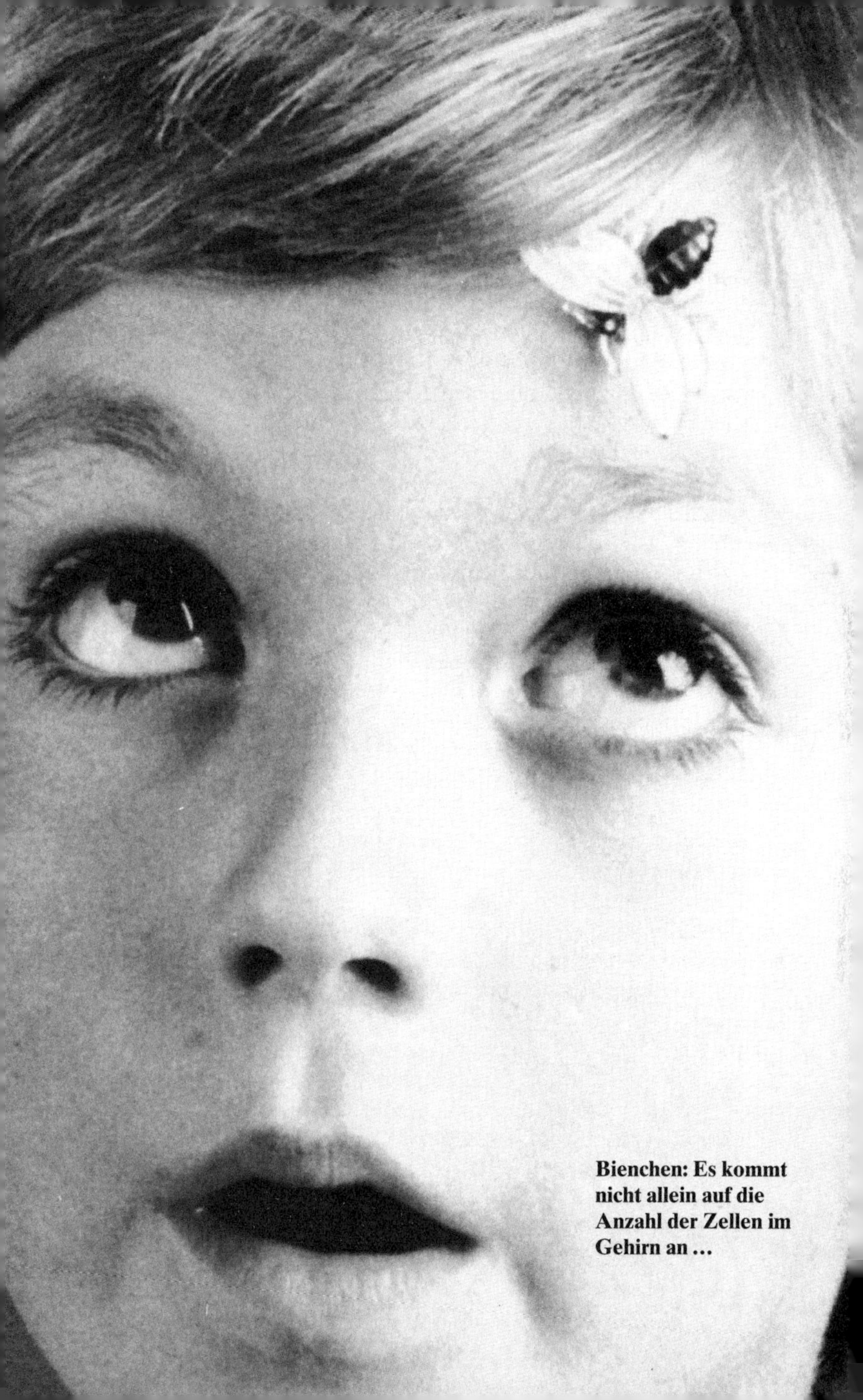

Bienchen: Es kommt nicht allein auf die Anzahl der Zellen im Gehirn an …

«Darf ich dir diese biologisch-geistige Superkonstruktion vorstellen! Wie gesagt, ca. 12 bis 15 Milliarden Nervenzellen, genannt Neuronen, das sind ungefähr dreimal soviel, wie die Erde Bewohner hat.»

«Sehr beeindruckend», sagt Hirnchen 1.

«Als ich ein Embryo war, im Bauch meiner Mutter, haben sich meine Nervenzellen erst mit einer Geschwindigkeit von mehreren Tausend pro Minute gebildet, dann ab dem zweiten Monat 2000 Nervenzellen pro Sekunde», erklärt das Gehirn.

«Wahnsinn, Wahnsinn», meint Hirnchen 1.

«Eine Biene kann auch viele Dinge, zum Beispiel Honigwaben bauen, Entfernungen berechnen, anderen Bienen die Richtung zur nächsten blühenden Sommerwiese angeben und den Weg nach Hause wiederfinden. Das alles nur mit ca. 6000 bis 7000 Nervenzellen.

Aber nicht die Anzahl der Nervenzellen ist von größter Wichtigkeit, sondern die Verbindungen, die Leitungen zwischen den einzelnen Nervenzellen, sind auch ganz schrecklich wichtig. Diese Verbindungen werden durchs Fühlen, Sehen, Riechen, Hören, Schmecken, Bewegen, Denken, Vorstellen hergestellt.»

«Und durch dieses Denken und Vorstellen sind auch wir Hirnchen entstanden und die Maschinen, Computer und Raketen», sagt Hirnchen.

«Ja, aber wer weiß, wie klug die Evolution uns Menschen noch macht.»

«Ich weiß nicht, was Evolution ist.»

«Evolution», sagt das Gehirn (Name), «ist die Entwicklung der Lebewesen vom kleinsten Einzeller bis zum Menschen. Und ich glaube, wir Menschen sind noch längst nicht fertig mit unserer Entwicklung, und eines Tages werden unsere Nachfolger ...»

Das Gehirn sprach nicht weiter, weil es nicht sicher war, ob nicht irgendwelche kaputten Gehirne es eines Tages doch schaffen würden, alles kaputtzumachen.

Hirnchen sagt: «Meine Zeit in deinem Hirn, ich meine in dir, geht zu Ende. Ich sehe, du bestehst aus drei und dein oberstes Dachstübchen aus zwei Teilen, und dazwischen ist eine Brücke oder so eine Art Balken. Sei doch so gut und zeige mir, wie du funktionierst, und mache mich dann bitte, bitte wieder groß!»

«Also gut, ich werde es dir in einigen Sätzen erklären, wie dieses Obergeschoß von mir funktioniert. Ich habe zwei Hälften – wie du richtig beobachtet hast –, und diese beiden Hälften werden durch den Balken dort drüben geradeaus verbunden.

Meine **linke Hälfte** kann besser denken, sie kann mit Wörtern umge-

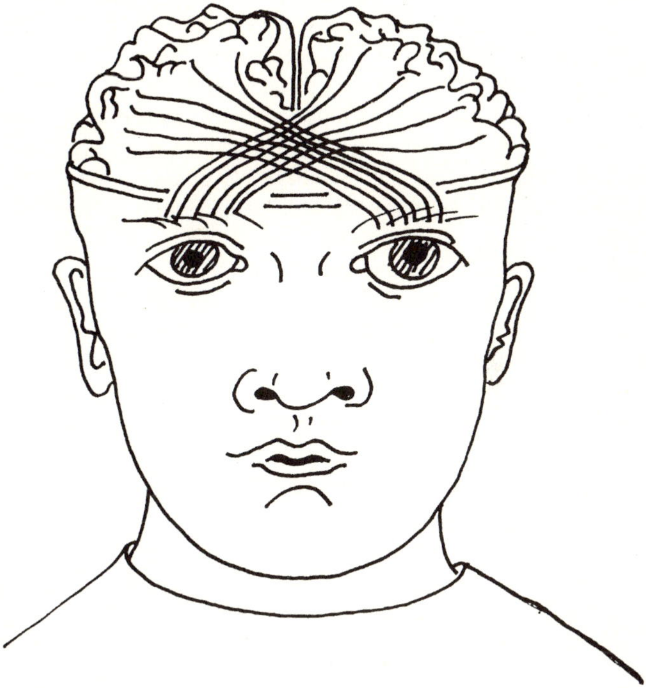

hen. Sie hilft mir hauptsächlich beim Lesen und Schreiben und beim Einmaleins.
Meine **rechte Hälfte** hat mehr Bilder und Phantasie, liebt Musik und Farben, kann aber auch kompliziert rechnen. Zusammen sind meine beiden Hälften ein Wunderwerk an Denken und Intuition.»

«Intuition?!» Hirnchen runzelt die Stirn.

«Ich erkläre es dir, bevor du dein kleines Raketengehirn allzusehr strapazierst. Intuition ist so etwas wie eine Eingebung, eine Idee. Und jetzt muß ich dich leider verabschieden und dich bitten, aus mir zu verschwinden, da ich noch ‹Mentales Training› betreiben muß. Schließlich stehen der nächste Aufsatz und die zweite Mathearbeit vor der Tür, und büffeln allein bringt's nicht.»

«Was ist Mentales Training?» fragt Hirnchen 1 wißbegierig.

«Mental meint, daß es mich, das Gehirn, betrifft, und mentales Training hilft mir, meine 12 bis 15 Milliarden Nervenzellen und die bis heute nicht genau gezählten Billionen Nervenverbindungen optimal arbeiten zu lassen.»

«Und wie geht Mentales Training? Ich wüßte es gern für unsere Kosmos-Raketenschule, da fällt mir das Lernen manchmal etwas schwer.»

«Ja, dann rutsch mal aus meinem Gehirn und dem Körper, ich zaubere dich groß, und dann lesen wir zusammen das Buch ‹Mentales Training für Kinder› (und Gehirnerforschungs-Raketen-Kinder) und machen gemeinsam die Übungen.»

Kapitel 3

Basisübungen – Gleichgewichtsübungen und bewußtes Sitzen

Ein ungestörtes, wahrnehmendes Verhältnis zum eigenen Körper und die Entwicklung des Gleichgewichtssinns sind für mentale Prozesse viel wichtiger, als gemeinhin angenommen wird.

Intelligentes Gleichgewicht

Das für unseren Gleichgewichtssinn zuständige Organ liegt im Innenohr. Es heißt Labyrinth. Der Begriff kommt aus dem Griechischen, wo er soviel bedeutet wie «Gebäude mit vielen verschlungenen Gängen und Höfen» oder auch «Irrgarten».

Dieses Gleichgewichtsorgan mit dem Namen «Labyrinth» befindet sich im Innenohr. Es beherbergt die

- «Bogengänge» für das Gleichgewichtssystem und
- die «Schnecke» für das Hören.

Bei den Bogengängen handelt es sich um gebogene Röhren, die mit Flüssigkeit gefüllt sind. Ein Bogengang verläuft von vorn nach hinten, die anderen von links nach rechts und von oben nach unten.

Wenn wir uns bewegen oder nur unseren Kopf drehen, bewegt sich aufgrund ihres Beharrungsvermögens auch die Flüssigkeit in den Bogengängen. Neuronen übermitteln diese Information an den Gleichgewichtssinn im Gehirn und in anderen Teilen des Nervensystems, welche dann entsprechend darauf reagieren, was uns in der Regel gar nicht bewußt wird.

Es hat sich gezeigt, daß eine ausreichende Stimulation des Gleichgewichtssinns für die allgemeine geistige Entwicklung und ganz besonders für die sprachliche Entwicklung von größter Bedeutung ist. So kann es inzwischen als gesicherte Tatsache gelten, daß Kinder sich schneller entwickeln, wenn sie von Anfang an viel umhergetragen werden. Die Renaissance des Tragetuchs hierzulande hat in dieser Erfahrung eine ihrer wichtigen Wurzeln.

Entsprechende Bewegungsübungen sind daher auch in späterem Alter ein unverzichtbarer Bestandteil des Mentalen Trainings.

Der Gleichgewichtssinn ist auch wichtig für eine aufrechte, entspannte Körperhaltung beim Sitzen. Eine solche aufrechte, entspannte Körperhaltung beim Sitzen macht uns freier und bereiter, Informationen aus der Umwelt aufzunehmen. Aus diesem richtigen Wissen heraus kommt es oft zu dem fatalen Fehler, den Pädagogen machen, wenn sie Kinder und Jugendliche auffordern: «Sitz gerade!»

Diese Aufforderung wird im allgemeinen so ausgelegt, daß der Rükken gerade zu machen und der Kopf zu heben sei. Aber dieses «Gerade» führt zur Verkrampfung, weil etwas Entscheidendes fehlt, nämlich daß sich das Knochengerüst unseres Körpers natürlich aufrichtet und so der Schwerkraft entgegenwirkt. Die aufrechte Haltung wird durch Anstrengung der Muskulatur erreicht. Durch Krampf.

Und dazu sagt der bekannte Therapeut Moshe Feldenkrais, der wesentlichen Anteil daran hat, daß wir den Zusammenhang zwischen Körperhaltung und Denk-, Wahrnehmungs- und Empfindungsprozessen kennen: «Müssen die Muskeln diese Aufgabe des Knochengerüstes leisten, so werden sie nicht nur unnütz Energie verbrauchen, sondern an ihrer eigentlichen Aufgabe – Ort und Haltung des Körpers durch Bewegung zu ändern – gehindert sein. Bei schlechter Haltung leisten die Muskeln einen Teil der Aufgabe der Knochen.»

Zu den Selbststimulationsübungen mit Materialien wie Schaukel, Pedalo, Hängematte, Schaukelstuhl, Gleichgewichtsscheibe oder Trampolin spielen Sie Musik.

Ich empfehle dafür folgende Stücke von
Johann Sebastian Bach
- Aria aus den Goldberg-Variationen, BWV 988, erschienen bei EMI IC151-30710/11
- Largo aus Konzert für Klavier und Streichorchester Nr. 5 in f-Moll, BWV 1056
- Largo aus Konzert für Cembalo solo in F-Dur, erschienen bei FSM 34 287

und folgende Stücke von Antonio Vivaldi
- Largo aus «Winter» (Die vier Jahreszeiten), erschienen bei Philips 65 15 007
- Largo aus Konzert für D-dur für Gitarre, Streicher und Basso continuo, erschienen bei DG 139 417
- Largo aus Concerto für Mandoline, Streicher und Orgel Nr. 1 in C-Dur, PV 134, erschienen bei FSM 34 153

Wir «lernen» das Sitzen. Sie werden denken, «das habe ich gelernt, als ich ein Baby war».

Sicherlich, aber wie sitzen Sie?

Ja, wie sitzen Sie gerade in diesem Augenblick, in dem Sie diese Zeilen über das Sitzen lesen?

Nehmen Sie sich einen Moment Zeit für diese Eigenwahrnehmung.

Dann machen Sie selbst bitte folgende Übung.

Übung Nr. 1 Sitzen vor dem Spiegel

Üben Sie das aufrechte Sitzen vor einem Spiegel. Sie «suchen fühlend» Ihre Sitzbeinknochen unten am Gesäß. Fallen Sie nicht hinter die Sitzbeinknochen, sondern sitzen Sie knapp davor.

Jetzt gehen Sie mit ihrem Bewußtsein zum Nabel und legen unterhalb des Nabels zwei Finger auf den Bauch. Sie gehen mit Ihren Gedanken genau in dieser Höhe in die Mitte des Körpers und spüren diesen Punkt – das Zentrum. Dort sind Sie stabil, und von dort aus sind Sie aufrecht. Gehen Sie mit Ihrer gedanklichen Konzentration hoch bis zur Brust und legen die linke Handinnenfläche zwischen die beiden Brüste, mit einer kleinen Tendenz nach oben, auf das «Herz» – oder besser gesagt, auf die «Brustmitte».

Nun werden Sie merken, wie Sie an dieser Stelle ganz weit werden, die Schultern gehen leicht nach hinten, ohne daß sie angehoben werden. Gehen Sie mit Ihren Gedanken in Ihren Hals und drehen den Kopf langsam nach rechts und nach links. Das Kinn geht eher in Richtung Brust, als daß es sich vorwitzig gen Himmel reckt.

Wenn Sie diese Übung beherrschen, können Sie selbstverständlich auch Ihr Kind teilnehmen lassen.

Übung Nr. 2 Schneidersitz

Lege dir eine Unterlage (Kissen, gefaltete Decke o. ä.) zurecht, schlage deine Beine unter dem Po zusammen, setze dich darauf, so daß beide Knie in einer Höhe mit dem Becken sind.

Spüre die Sitzbeinknochen und tariere dein Gleichgewicht so aus, daß du eine Spur vor den Knochen sitzt.

Wenn du hinter den Sitzbeinknochen sitzt, entsteht eine schlaffe Haltung mit rundem Rücken, die es zu vermeiden gilt.

Der Kopf ist so aufgerichtet wie auf dem nebenstehenden Foto.

Der Schneidersitz
mit konzentrativer
Haltung

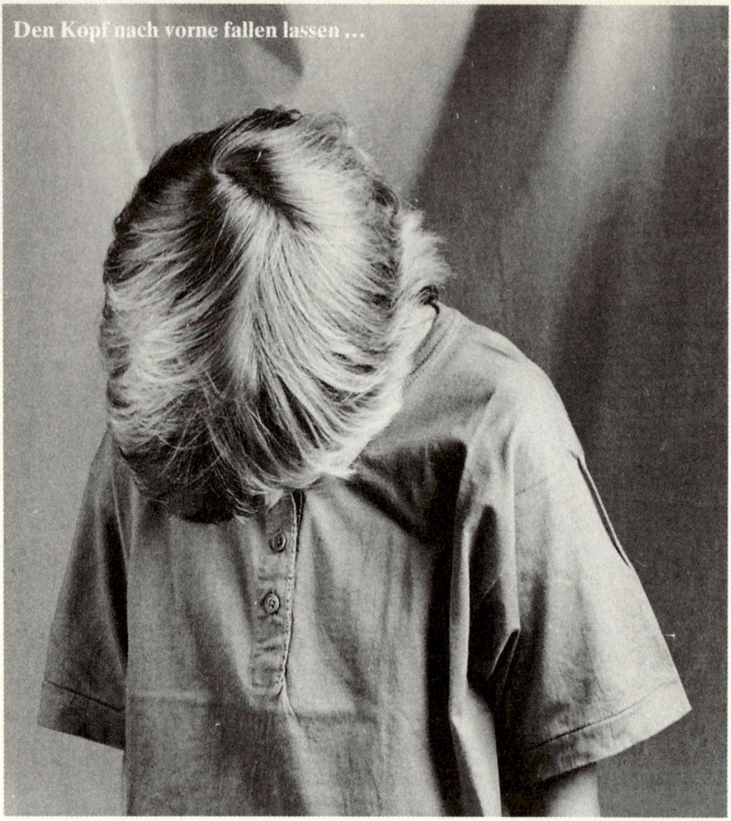

Übung Nr. 3 Lotussitz

Falls du sehr gelenkig bist, kannst du dich auch am Lotussitz versuchen: Der wesentliche Unterschied zum Schneidersitz besteht darin, daß du die Füße so verdrehst, daß sie mit ihrer Oberseite auf den Schenkeln aufliegen.

Übung Nr. 4 Kopfrollen

Stelle dir nun erst in deinem Kopf folgenden Bewegungsablauf vor: Laß deinen Kopf nach vorn fallen, und rolle ihn dann langsam fünfmal herum (s. die Fotos auf den Seiten 52 bis 56). Und nun führe die Bewegung aus.
Achte dabei darauf, daß deine Atmung fließt.

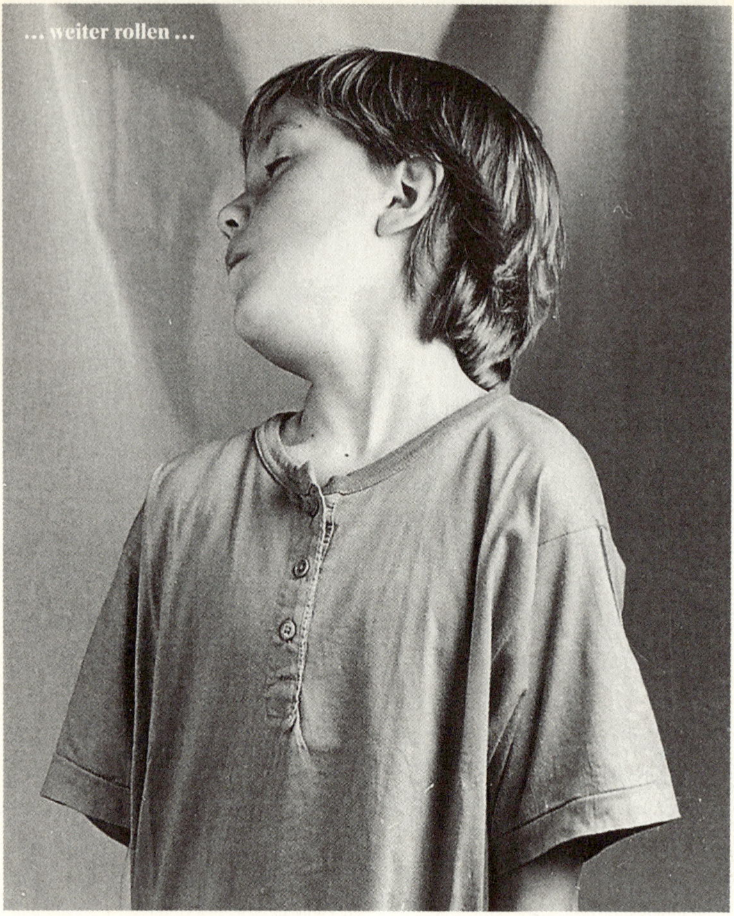

Die Schultern bleiben unten.
Führe diese Bewegung nun aus.

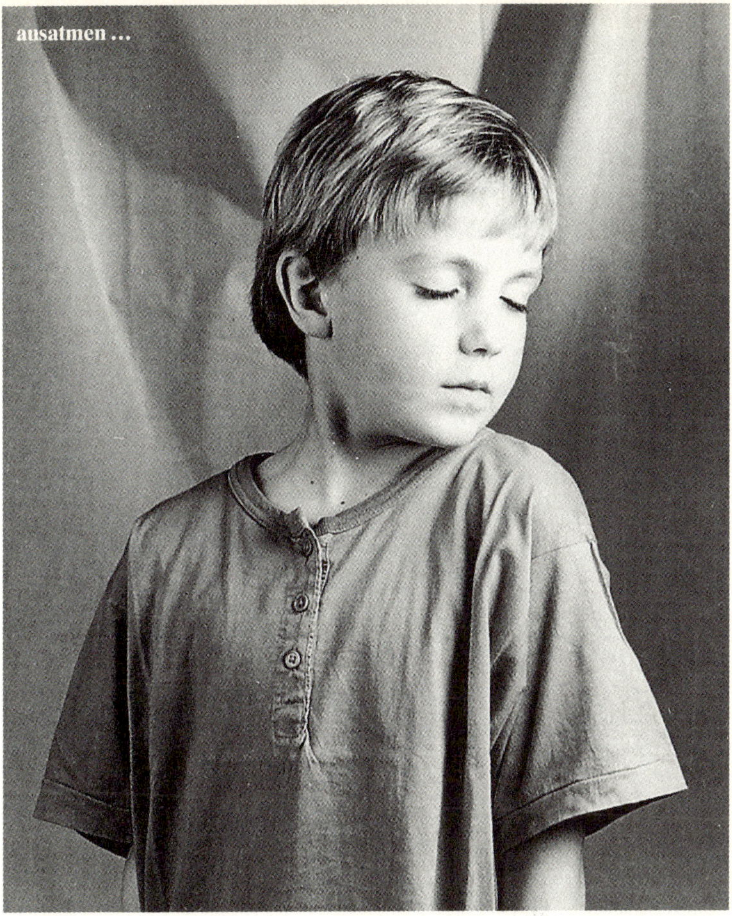
ausatmen ...

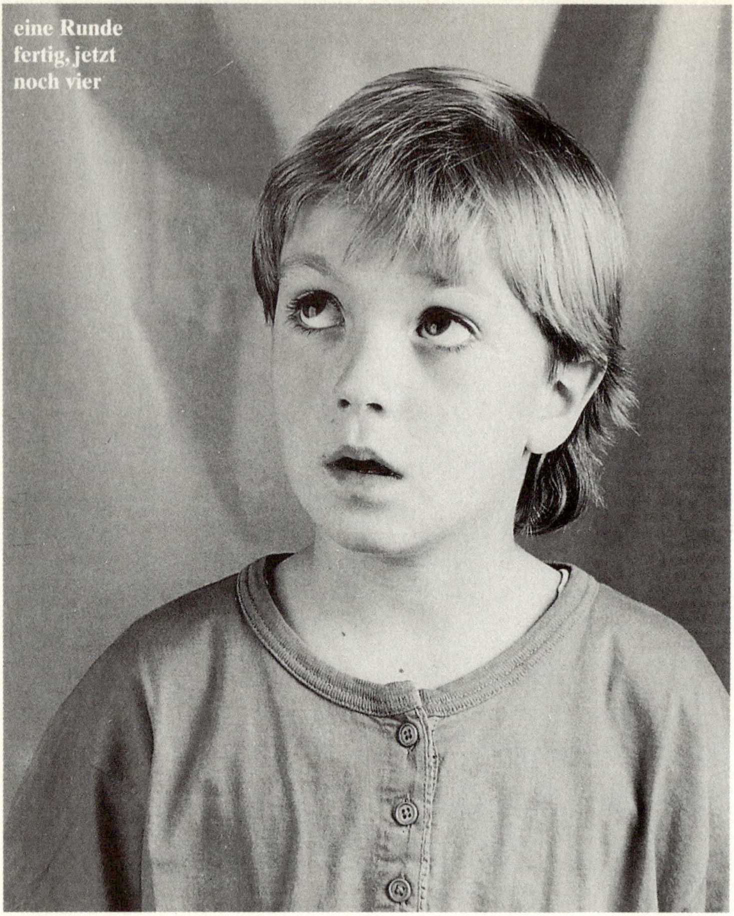
eine Runde
fertig, jetzt
noch vier

Übung Nr. 5 Skelett-Spüren

Lege dich in der sogenannten Totenstellung auf den Rücken.

Die Beine liegen in Beckenbreite auseinander, die Hände liegen mit den Handinnenflächen nach außen seitlich vom Körper. Der Kopf hat eher die Tendenz zur Brust als in die Höhe. Die Nackenmuskulatur ist angenehm gestreckt.

Schließe die Augen.

Stell dir ein Skelett vor – eines, wie du es vielleicht schon einmal in der Schule oder in einer Ausstellung gesehen hast, ein Knochengerüst mit Höhlen statt Augen, Knochen-Beinen und -Armen, Rippen, Bekken und all den anderen Knochen. Vergegenwärtige dir, daß das Knochengerüst des Menschen keineswegs so hart und leblos und unbeeinflußbar ist, wie es erscheint, sondern elastisch, lebendig und veränderbar.

Du kannst vorher auch die Abbildung auf S. 58/59 betrachten.

Konzentriere dich jetzt auf dein Skelett. Du spürst sehr deutlich deine Knochen. Jeden einzelnen deiner Knochen.

Jetzt konzentriere dich auf deine Wirbelsäule, du spürst die Stellen, wo sie auf dem Boden aufliegt, und spürst auch die Stellen, an denen es nicht so ist.

Versuche zu erahnen, wie groß der Abstand zwischen deiner Lendenwirbelsäule und der Unterlage ist?

Ist da ein Zwischenraum zwischen den Handgelenken bzw. den Kniegelenken und dem Fußboden?

Jetzt gehst du mit deinem Bewußtsein ganz in deine Knochen – bis ganz tief hinein in die Atome und in die noch kleineren Teilchen. Spürst du, wie weit und weich deine Knochen sind? Du spürst, daß Sie biegsam und willentlich beeinflußbar sind.

Wende jetzt deinen Kopf so weit es geht langsam nach links. Und dann ganz langsam und bewußt nach rechts. Drehe den Kopf ca. zehn- bis fünfzehnmal von einer zur anderen Seite.

Lege nun beide Hände seitlich vom Körper mit den Handinnenflächen nach innen. Schiebe jetzt deine rechte Hand langsam und bewußt in Richtung deiner Füße, und komm langsam und bewußt in die Ausgangsposition zurück.

Schiebe jetzt deine linke Hand langsam und bewußt in Richtung deiner Füße, und komm langsam und bewußt in die Ausgangsposition zurück.

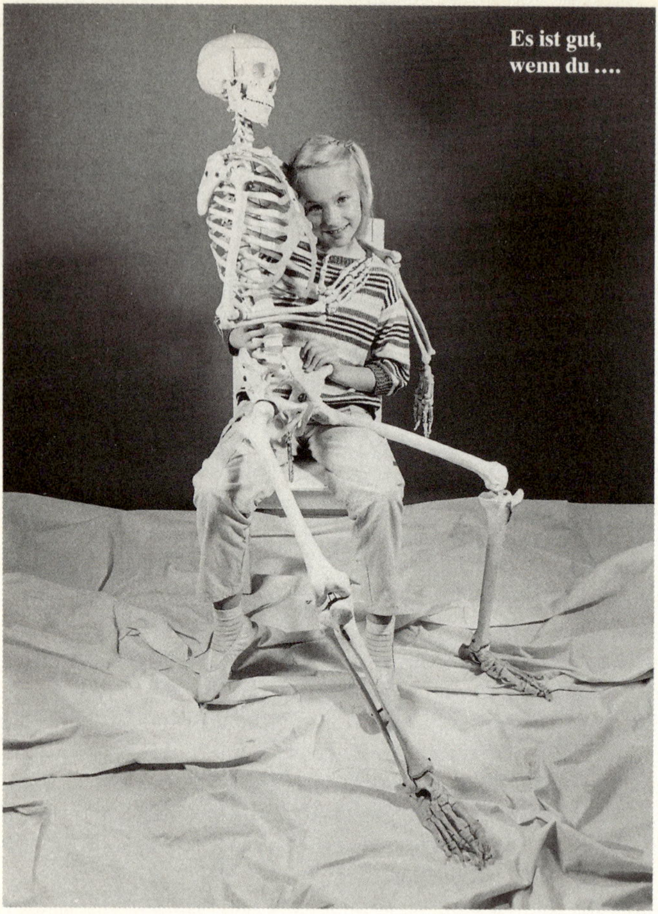

Drehe nun deinen Kopf nach links, und schiebe gleichzeitig die linke Hand in Richtung deiner Füße nach unten.

Die linke Schulter geht bei dieser Linksdrehung nach unten und die rechte Schulter nach oben.

Drehe nun deinen Kopf nach rechts, und schiebe gleichzeitig die rechte Hand in Richtung deiner Füße nach unten.

Die rechte Schulter geht bei dieser Rechtsdrehung nach unten und die linke Schulter nach oben. Mache diese Übung so lange, bis sie

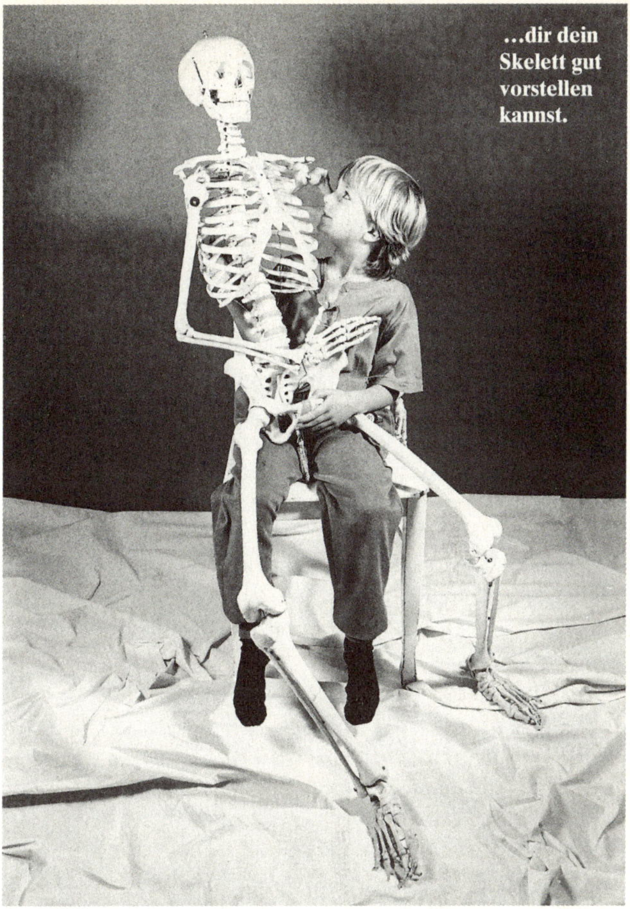

automatisch zu geschehen scheint. Halte inne und spüre deine Nackenwirbel.

Jetzt stell dir vor, daß du langsam und bewußt aufstehst. Nachdem du in Gedanken bereits stehst, legst du dich in Gedanken wieder langsam hin und beginnst jetzt mit der realen Ausführung dieser Vorstellung. Du begibst dich langsam und bewußt von der horizontalen in die vertikale Position.

Übung Nr. 6 Schaukeln

Besorgen Sie für Ihr Kind eine Schaukel, eine Hängematte (über Eck auch in kleinen Kinderzimmern zu installieren) oder einen Schaukelstuhl.

Bieten Sie Ihrem Kind so oft wie möglich die Gelegenheit, sich auf diesem Wege selbst zu stimulieren.

Übung Nr. 7 Baum

Das Kind steht, die Beine einen Fußbreit auseinander, auf einer festen Unterlage. Es sucht sich einen Fixpunkt in Augenhöhe und zieht langsam den rechten Fuß seitlich bis zum Knie des linken Beines hoch und hebt gleichzeitig die Arme über den Kopf und legt die Handflächen aneinander. Der Atem fließt bis tief zum Nabel herunter. Mit dem Ausatmen gleiten Arme und das rechte Bein langsam in die Ausgangsposition zurück.

Nach einer kurzen Pause, in der die Augen geschlossen sind, wird die Übung mit dem anderen Bein ausgeführt.

Die Übung mit geschlossenen Augen pro Seite ein- bis zweimal ausführen.

Übung Nr. 8 Mini-Trampolin

Besorgen sie Ihrem Kind ein Mini-Trampolin, und lassen Sie es nach Herzenslust darauf herumspringen.

Übung Nr. 9 Karussell fahren

Gehen Sie so oft wie möglich mit Ihrem Kind zum Rummel, zur Kirmes, zum Frühlings- oder Oktoberfest, wie immer Sie es nennen mögen, und lassen Sie Ihr Kind nach Herzenslust Karussell fahren, aber nur das, was Ihr Kind von sich aus mag und will, nicht auf das Kind einreden oder sonstwie Einfluß nehmen, es auf keinen Fall dazu zwingen!

Übung Nr. 10 Pedalo fahren

Pedalo fahren ist eine wunderbare mentale Übung. Auf dem Foto unten kannst du sehen, wie du es machst.

Das Gleichgewicht trainieren mit dem Pedalo

Übung Nr. 11 Gleichgewichtsscheibe

Die Gleichgewichtsscheibe zu benutzen ist für das Gleichgewichtsorgan von großer Bedeutung. Wie du es machst, siehst du auf dem Foto links.

Kapitel 4

Das hörende Gehirn

Die akustischen Übungen folgen hier im Anschluß an die Gleichgewichtsübungen, da Hören und Gleichgewichtssinn sehr nah miteinander verwandt sind. Zunächst ist Hören nichts anderes als eine Wahrnehmung von Änderungen des Gleichgewichts-Fühlens. Daraus hat sich das Hören quasi als eine Art Ausdifferenzierung entwikkelt.

Hören ist die Basis für viele andere mentale Fähigkeiten.

Sprechen lernen wir durch Hören, also zunächst mit den Ohren.

Sich sprachlich ausdrücken und Sprache verstehen können ist in unserer Kultur Voraussetzung für das Erlernen der sogenannten Kulturtechniken: Lesen, Schreiben und Rechnen, einschließlich Mathematik.

Das Ohr ist also ein wichtiges Denkorgan. Und es ist entsprechend wichtig, das Hören in das Mentale Training einzubeziehen.

Auch die Bedeutung des Hörorganes Ohr als «Energieaufbereitungsanlage» darf nicht unterschätzt werden.

Der Zusammenhang von Hören und Sprache

Wissenschaftler haben herausgefunden, daß unaufmerksame und unkonzentrierte Kinder, Kinder mit Lese- und Rechtschreibschwäche, stotternde und polternde Kinder oftmals Schwierigkeiten mit dem Hören haben.

Diese Kinder hören nicht «schlecht» im Sinne einer Schwerhörigkeit, sie hören weniger differenziert.

Hinzu kommt oft ein anderes Problem: Wir haben nicht nur in bezug auf unsere Hände eine bevorzugte Seite, sind also Rechts- oder Linkshänder, sondern auch in bezug auf die Füße und alle anderen Organe, die paarweise angelegt sind, auch die Ohren korrespondieren mit den jeweils «gegenüberliegenden» Hirnhemisphären.

Wenn ein Mensch kein bevorzugtes Ohr hat, also beidohrig gleich gut hört, ist das nicht günstig für die Entwicklung und Ausformung seiner sprachlichen Fähigkeiten.

Es scheint so, als sei das rechtsohrige Hören effektiver und sinnvoller für die Sprachentwicklung, insbesondere für exaktes, zergliederndes (analytisches) Hören und Verstehen.

Rechtsohriges Hören ist auch physiologisch gesehen sinnvoller. Wenn wir linksohrig hören, dauert der Weg bis zur bewußten Wahrnehmung ungefähr so lange, als wären wir 100 m weit von der Schallquelle entfernt.

Es wurde schon gesagt, daß für ganzheitliches Denken eine Zusammenarbeit beider Hirnhemisphären wünschenswert ist. Es hat sich gezeigt, daß diese ganzheitliche Zusammenarbeit beider Hirnhemisphären besser funktioniert, wenn das rechte Ohr trainiert wurde.

Ich empfehle daher:

- Trainieren Sie das rechtsohrige Hören (s. S. 69)
- Machen Sie darüber hinaus «Hemi-Synch»-Übungen, die bewirken, daß die Hirnhälften besser zusammenarbeiten (s. S. 69).

Der Zusammenhang von Hören und Körpergefühl

Im Innenohr, wo auch das Hörorgan, die Schnecke (Cochlea) liegt, befindet sich, wie bereits erläutert, auch das Gleichgewichtsorgan (Vestibulum) mit seinen drei Bogengängen. Darin liegen auch die «Steinchen», die Informationen über die Erdanziehungskraft (Gravitation) vermitteln.

Das Hörorgan hat sich, wie ich ebenfalls bereits erwähnte, aus dem Gleichgewichtsorgan entwickelt. Beide bilden eine Einheit. Beide Organe sind im Innenohr durch einen Nerv verbunden, der «Nervus vestibula-Cochlearis» genannt wird.

Viele Muskeln des menschlichen Körpers stehen über das Rückenmark mit dem Nerven des Hör- und Gleichgewichtsorgans in Verbindung. Unser Körpergefühl sitzt also im Ohr. Spannungen, Verkrampfungen, Bewegungsabläufe werden vom Kontrollorgan Innenohr reguliert. Jeder akustische Reiz, jeder Höreindruck wirkt sich über das Innenohr auf den ganzen Körper aus.

Wenn wir Rhythmus, Musik und Klänge wahrnehmen, verspüren wir den Drang zur Bewegung. Die tiefen Töne regen besonders den unteren

Körperbereich und die Grobmotorik an, während die höheren Töne eher die Feinmotorik und die oberen Körperpartien (aber auch den ganzen Körper) ansprechen.

Das Gleichgewichts-Hörorgan reagiert neben Klängen besonders auf Vibrationen und Bewegungen.

Das Ohr als Energieaufbereitungsanlage

Das Ohr hat die Aufgabe, unsere Hirnrinde mit Energie zu versorgen, so wie ein Dynamo dafür sorgt, daß das Licht an unserem Fahrrad brennt, vorausgesetzt, er erhält seinerseits durch die Raddrehung Energie. Neben vielfältigen Nährstoffen aus der Vollwert-Ernährung, braucht unser Gehirn Sauerstoff sowie Impulse aus allen Sinnesorganen, um arbeiten zu können. Dabei macht die Energiezufuhr durch das Ohr ca. 60 bis 80 Prozent der gesamten Sinnes-Energie-Inputs aus!

Die Frequenzen, die in der Schnecke (dem Hörorgan im Innenohr) ankommen, sind eine wahre Belebung für die Arbeit des Großhirns. Das bedeutet: Denken, Wahrnehmung, Gedächtnis, Kreativität und Vitalität des Gehirns brauchen dringend die Energieduschen durch das Hören.

Wenn zum Beispiel ein Mensch taub wird, geht das regelmäßig mit einer zunehmenden Erschöpfung und schnellen Ermüdung einher. Die Energiebatterie (der Dynamo) versorgt das Gehirn nicht mehr ausreichend mit «Nahrung».

Außerdem ist das Ohr, und damit das Hören, wichtig für unsere psychische Ausgeglichenheit.

Am Trommelfell und im äußeren Gehörgang kommen Enden des parasympathischen Nervs (nervus vagus) an die Hautoberfläche. Dieser Nerv ist in hohem Ausmaß für unser vegetatives Gleichgewicht verantwortlich und hat direkten Kontakt zu vielen Organen, die dazu neigen, auf psychische Belastung stark zu reagieren:
- dem Magen,
- der Leber,
- dem Halsbereich.

Der Schall versetzt das Trommelfell in Schwingungen und damit den *nervus vagus*. Je nachdem, um welche Art von Schall es sich handelt, laut, schnell und unrhythmisch oder leise, melodisch, wird bei uns psychisches Wohlbefinden bzw. Unwohlsein hervorgerufen.

Übungen für Ohr und Hirn

Übung Nr. 12 Rechtsohriges Hören

Das rechte Ohr wird zugehalten. Es werden Laute produziert, Texte gelesen oder gesprochen. Wenn wir ein Ohr zuhalten, hören wir unser eigenes Sprechen vordringlich mit dem Ohr, das wir zuhalten, da die Knochenleitung stärker aktiviert wird.

Wenn wir andere reden hören, egal ob im Raum Anwesende oder Sprecher im Radio, Fernsehen, auf einer Kassette, und wir halten uns ein Ohr zu, hören wir primär über das nicht zugehaltene Ohr.

Übung Nr. 13 Gehirn-Synchronisation durch Hemi-Synch

Bei schöpferischen Prozessen sind beide Hirnhemisphären aktiv und ergänzen sich fließend. Die Ganzheitlichkeit des Hörens und damit des Denkens läßt sich durch Hör-Hemisphären-Synchronisation, genannt Hemi-Synch (nach Robert Monroe) sehr gut stimulieren.

Wenn wir in jedes Ohr über Kopfhörer eine Schwingung mit leicht unterschiedlichen Frequenzen einspielen, entsteht dabei eine dritte, hörbare Frequenz. Diese ist physikalisch als die Differenz der beiden Frequenzen zu verstehen:

Beide Hemisphären müssen synchron arbeiten, um den dritten Klang hörbar werden zu lassen.

Beispiel: Das rechte Ohr wird über Stereokopfhörer mit 400 Hertz und das linke Ohr über Stereokopfhörer mit 410 Hertz beschallt.

Ergebnis: Das Gehirn schwingt sich auf die Differenz von 10 Hertz ein, also eine Alpha-Gehirnwellen-Frequenz. – Gehirnwellen sind sozusagen die Sprache des Gehirns. Wenn Sie dieses Buch lesen, sind Sie höchstwahrscheinlich im Betawellen-Bereich (14 bis 30 Hertz). Über die einzelnen Gehirnwellen und ihre Funktion habe ich schon in Kapitel 3 (S. 27/28) gesprochen.

So können bestimmte Frequenzen eingespielt (erzeugt) werden, die bestimmten Hirnwellenmustern und damit bestimmten Wahrnehmungs- und Bewußtseinszuständen entsprechen. Anhand von EEG-Aufzeichnungen wurde von R. Monroe und seinen Mitarbeitern der Einfluß der Hemi-Synch mit dem von klassischer Musik, Rock und Pop verglichen.

Es erwiesen sich rund 50 Frequenzen als effektiv für die «Gehirnpower». Wir können also durch Hemi-Synch unser Gehirn durch Zusammenfließen von Wellen der beiden Hemisphären auf Beta-, Alpha-, Theta- oder Deltawellen-Kurs bringen.

Dies soll aber auf keinen Fall ein Plädoyer für ununterbrochene musikalische Berieselung sein!

Übung Nr. 14 Vibrationen

Eine andere Möglichkeit, hörend Mentaltraining zu betreiben, sind Vibrationen.

Mit der folgenden kleinen Übung werden über die Stimulation des Hör-Gleichgewichts-Organs Hirnprozesse gefördert.

- Geben Sie Ihrem Kind einen kleinen Massage-Vibrator und lassen es sich damit an Schulter- und Brustbereich einige Minuten stimulieren. Eine Stimulation direkt am Kopf sollte vermieden werden.

Übung Nr. 15 Drehen mit ausgestreckten Armen

Wir drehen uns mit ausgestreckten Armen im Tanz um unsere eigene Achse, langsam und schneller, jeder in seinem Tempo und nach seiner Ausdauer. Danach gehen wir in die «Stellung des Kindes».

Kniet euch hin oder setzt euch auf eure Ferse, legt die Stirn auf den Boden (die Arme liegen dann neben dem Körper mit den Handflächen nach außen) oder auf die übereinandergelegten Hände (Turmbau).

Die erste «Stellung des Kindes»: Lege die Stirn auf den Boden.

Übung Nr. 16 Sitzbewegungen bei Musik

Das Kind hört Musik (Mozart, Bach, Vivaldi oder ähnliches, zum Beispiel Meditationsmusik, s. S. 49). Es sitzt im Fersen-, Schneider- oder Lotussitz und macht mit dem Oberkörper rhythmische Halbkreisbewegungen um die eigene Achse. Dann eine kleine Pause und anschließend langsame Bewegungen vorwärts/rückwärts, wobei sich der Kopf bei der Vorwärtsbewegung zum Brustbein bewegt, bei der Rückwärtsbewegung fällt er leicht fließend in den Nacken.

Übung Nr. 17 Körperschema

Sie zeichnen Ihrem Kind mit einer Zahnbürste oder dem Finger einen Buchstaben, eine Zahl oder ein anderes Symbol auf den Rücken (s. unser Foto auf S. 73) oder die Handoberfläche (bei geschlossenen Augen). Ihr Kind legt dieses Symbol anschließend mit einem Seil nach und «ergeht» es langsam mit den Füßen. Siehe dazu unser Foto Seite 74.

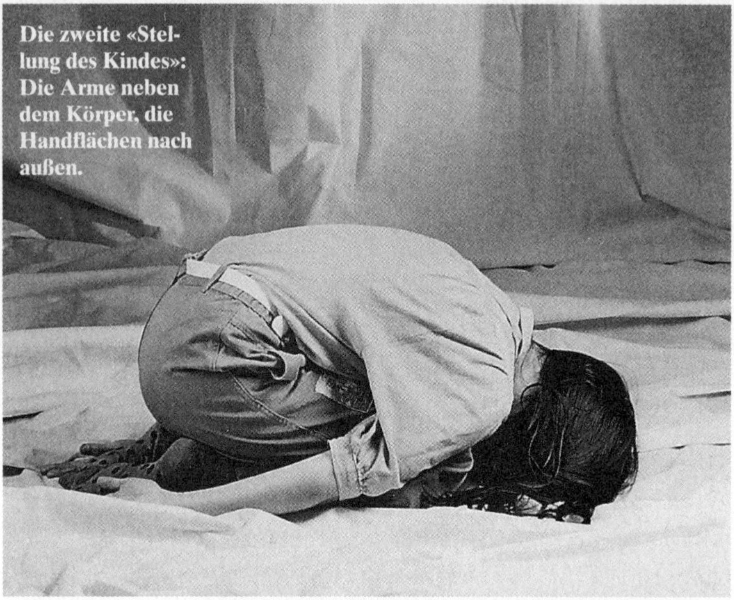

Die zweite «Stellung des Kindes»: Die Arme neben dem Körper, die Handflächen nach außen.

Die dritte «Stellung des Kindes»: Die Unterarme sind übereinandergelegt.

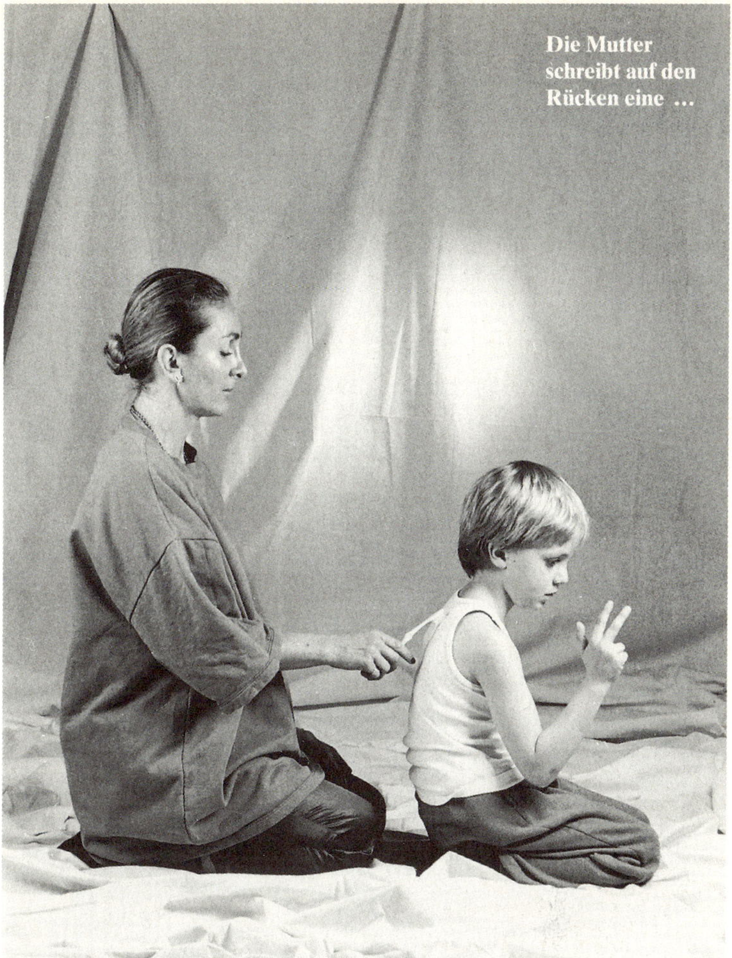

Übung Nr. 18 Körperzeichnen

Das Kind zeichnet seinen Körper in die Luft.

Körpervergleich: Was einer auf den Rücken malt, auf den Boden legen und mit den Füßen ertasten ...

Übung Nr. 19 Körperlegen

Das Kind «legt» seinen Körper mit einem Seil. Es «ergeht» seinen Körper.

Übung Nr. 20 Körpergeschichten

Ihr Kind legt sich auf ein großes Stück Papier (Tapetenrolle o.ä.). Zeichnen Sie die Umrisse Ihres Kindes. Mit Ihrer Hilfe soll Ihr Kind anschließend die Umrisse ausfüllen, sprachlich benennen und erzählen, was die einzelnen Körperteile so den lieben langen Tag machen.

Übung Nr. 21 Spring-Rechnen

Ihr Kind löst kleine Rechenaufgaben springend.
3 + 2 = 5
3 = dreimal der Hampelmannsprung: Beine auseinander und Arme gleichzeitig über dem Kopf zusammenführen, in die Ausgangsstellung zurück.
\+ Es geht ein mit Seilen gelegtes Pluszeichen.
2 = Es springt wieder zweimal den Hampelmann.
= Es geht ein mit Seilen gelegtes Gleichheitszeichen.
5 = Es springt fünfmal den Hampelmann.
Die Übung wird sprachlich begleitet.

Übung Nr. 22 Der Wörter-Hampelmann

Auch Wörter werden ersprungen wie ein Hampelmann. Ein Hampelmann pro Silbe. Sie klatschen mit!

Ball	= «1 Hampelmann»
Schokolade	= «4 Hampelmänner»
Nordwestdeutsche Zuckerrübenfabrik	= «Zehn Hampelmänner»

0
1
2
NULL PROBLEMO

Kapitel 5

Das entspannte Gehirn

Entspannung der Körpermuskulatur und des Nervensystems sind die Voraussetzungen für mentale Entspannung und mentale Leistungsfähigkeit.

Unsere innere Harmonie zeigt sich äußerlich durch einen ausgeglichenen – eutonischen – Muskelspannungszustand und innerlich wie äußerlich an unserem vegetativen Nervensystem.

Wenn Yogis ihre Körpertemperatur so erhöhen, daß sie Eis mit nackten Füßen zum Schmelzen bringen oder sich ein Schwert ohne Wunden und Schmerzen durch die Brust stechen können, dann wird wahrnehmbar, daß das vegetative Nervensystem nicht wirklich «autonom», sondern beeinflußbar ist.

Was wir «außen» hören, sehen, riechen und fühlen, ist leichter wahrzunehmen als innere körperliche Funktionen.

Wir spüren zwar unsere verspannte Nackenmuskulatur oder auch, wie sich der Magen verkrampft, uns «eine Laus über die Leber läuft», die Galle «verrückt spielt», das Herz bis «zum Hals schlägt», uns «etwas an die Nieren geht». Unsere körperinneren Sinnesorgane sind trotzdem nicht sehr geschult und differenziert.

Unser Skelett hat die Aufgabe, uns aufrecht zu halten, und die Skelettmuskulatur erzeugt durch Bewegung Energie zur aktiven Auseinandersetzung mit der Umwelt.

Auch Emotionen (Gefühle) werden mit den Muskeln ausgedrückt bzw. unterdrückt. Wenn wir angespannt sind, erhöht sich der Spannungszustand (Tonus) der Muskulatur. Gelenkt wird das vom Hirnstamm aus (s. S. 21).

Jeder Reiz wird im lebenden Organismus mit Muskelspannung beantwortet.

Ein Zuviel an Muskelspannung (Hypertonus) ist negativ für alle somatischen Vorgänge. Die «geistigen Prozesse können nicht fließen».

Das Erregungsniveau des gesamten Organismus wird über das Aktivierungszentrum im Hirnstamm gesteuert.

Die körperliche Seite von Angst, Stress und Druck ist eine physiologische Erregung. Da Körper/Psyche/Geist eine Einheit bilden, lassen sich psychische Empfindungen und Zustände wie Angst, Stress und Druck durch körperliche – in diesem Falle muskuläre – «Manipulation» positiv beeinflussen.

Neben der Muskulatur ist – wie bereits erwähnt – das vegetative Nervensystem mit seinen beiden Teilen (dem zentralen und dem peripheren Teil) für einen Gleichgewichtszustand – auch hinsichtlich Anspannung/Entspannung – zuständig.

Die Zentrale des vegetativen Nervensystems ist der Hypothalamus.

Er dirigiert die homöostatischen vegetativen Prozesse im Körper. Der periphere Teil des vegetativen Nervensystems besteht aus dem Sympathikus und dem Parasympathikus. Das aus dem Kopf und dem Kreuzbeinabschnitt des Rückenmarks entspringende parasympathische System fördert Ruhe und Entspannung, während das aus dem Brust- und Lendenbereich des Rückenmarks entspringende sympathische System die Voraussetzung für Anspannung und Aktivität schafft: Der Herzschlag wird beschleunigt, der Puls verstärkt sich, die Atemfrequenz erhöht sich, der Blutdruck steigt.

Es ist also für zentrale Vorgänge im Organismus wichtig, daß sich der Muskeltonus in einem eutonischen (ausgeglichenen) Zustand befindet und daß die Homöostase (Gleichgewicht) des vegetativen Nervensystems gegeben ist.

Unser Bio- und Psychorhythmus verlangt mindestens eine Entspannungsphase pro Tag.

Entspannung ist der schmale Grat zwischen dem Einschlafen und dem Wachzustand, also zwischen Delta/Theta- und Betawellen (s. S. 27).

Dieser Zwischenzustand ist eine Gratwanderung und kann trainiert werden.

Wenn wir gelernt haben, uns auf einen inneren «Knopfdruck» hin zu entspannen, regenerieren wir uns in Minuten und steigern unsere mentalen Fähigkeiten. Wir müssen dafür unser Bewußtsein umpolen: Im

Westen gelten «Pausen» als Zeitvergeudung oder Müßiggang. Im Osten kennt man die Relevanz dieser Mußestunden oder -minuten, die das intuitiv-schöpferische Potential des Menschen aktivieren.

Der industrielle Arbeits- und Schulrhythmus widerstrebt dem Biorhythmus des Menschen. Er ist sozusagen eine Vergewaltigung der inneren menschlichen Uhr. Und wenn eine Uhr überdreht wird, funktioniert sie nicht mehr.

Üben Sie daher Entspannung zu Hause, und setzen Sie sie auch im Beruf ein und durch.

Und vor allen Dingen: Üben Sie mit Ihren Kindern «Entspannung». Entspannung ist eine der Grundlagen für mentale Prozesse. Übungen zur Muskelentspannung bewirken eine Beruhigung des Erregungszentrums im Stammhirn, und damit werden mentale Lernprozesse leichter.

Körper und Geist sind eine Einheit. Mentales Lernen ist an körperliche Vorgänge im Gehirn gekoppelt. Anspannung, Druck und Stress verursachen Denkblockaden.

Nur wenn die Energien und damit die Bewußtseinsströme fließen können, sind kreative Lernprozesse möglich. Aber auch das sture Eintrichtern von Faktenwissen wird leichter.

Leichtes Lernen setzt einen entspannten Körper und entspannte Körperfunktionen voraus, damit die mentalen Prozesse optimal funktionieren.

Übung Nr. 23 Pinocchio-Übung

Lege dich auf den Rücken, und stell dir vor, du wärst Pinocchio, der kleine hölzerne Junge mit der unendlich langen Nase.

Nun lege deine gespreizten Hände dreieckig auf den Unterbauch, und atme tief in den Bauch.

Innerlich siehst du nun deine Nasenspitze und stellst dir vor, wie die Nase langsam – 1 – 2 – 3 – 4 – 5 – 6 – 7 – 8 – 9 – 10 – 11 … wächst und wächst.

Sie ist so lang, daß sie bis zur nächsten Wand reicht, und zwar dahin, wo die Decke in die Wand übergeht.

Auf diesen Punkt «schaust» du jetzt mit geschlossenen Augen. Die Hände liegen immerzu auf dem Nabel.

Deine Lider werden schwer, und du spürst, wie deine Augen, sie sind leicht nach oben gedreht, den Punkt an der Wand fixieren.

Du fühlst, wie dein Bauch beim Einatmen dick und beim Ausatmen flach wird. Nun zähle langsam von 100 rückwärts bis 0.

Zwischen zwei Zahlen ist eine Pause von ca. zwei Sekunden. 100 – 99 – 98 – 97 – 96 – 95 – 94 …

Deine Atmung wird sich dem Zählrhythmus anpassen. Du zählst und bist ganz konzentriert auf die Zahlen und das Atmen – und dann irgendwann – nur noch auf das Auf und Ab deines Bauches.

Übung Nr. 24 Buchstaben- und Silbensalat

Setz dich hin und stell dir vor, du lägst am Strand und hörtest das Meer rauschen. Du kannst auch, falls vorhanden, eine Kassette mit Wassergeräuschen auflegen. Du siehst die Sonne hinter deinen geschlossenen Augen am Himmel. Sie scheint gelblich-orange auf dich nieder.

Du fühlst, wie sich deine Haut unter den Sonnenstrahlen erwärmt. Nun lege deine gespreizten Hände auf den Nabelbereich, und atme tief ein.

Du brummst – mit geöffnetem Mund – ein «U».

U – U – U – U – U – U – U.

Es kommt ganz tief aus deinem Leib: U – U – U.

Verwandle das dunkle tiefe «U» langsam zu einem tiefen, dunklen «O».

U – U – U – u – u – o – o – o – O – O – O.

Konzentriere Dich ganz auf das «U-–O», alles andere ist unwichtig.

Du bist U–O!

Zeitdauer: als Einzelübung mindestens fünf Minuten. Im Rahmen der Gesamtübung ca. zwei Minuten.

Übung Nr. 25 Setz dich hin. Am Lagerfeuer

Hier stell dir vor, du säßest am Lager- oder Kaminfeuer.

Du hörst das Feuer knistern und siehst den goldgelben Farbton der Flammen.

Lege deine Hände auf das Sonnengeflecht, das ist das Nervengeflecht im Oberbauch, das auch Solarplexus genannt wird. Es befindet sich genau an der Stelle, wo es vor einem Test oder einer Klassenarbeit so kribbelt.

Atme tief ein und aus.

Sprich ein offenes «O» – so wie das zweite «O» in «sofort».

O – O – O – O – O – O – O.

Aus dem «O» wird langsam ein «A»: O – O – o – o – a – a – A – A – A.

Konzentriere dich ganz auf das O – O – O – A – A – A.

Du bist O – A

Zeitdauer: als Einzelübung mindestens fünf Minuten. Im Rahmen der Gesamtübung ca. zwei Minuten.

Übung Nr. 26 Du wärst ein grüner Vogel

Setz dich hin. Stell dir vor, du wärst ein grüner Vogel, der durch die Lüfte schwebt. Du fühlst dich leicht, luftig und frei. Du fliegst an einem schönen, warmen Sommertag durch die Luft.

Siehst du dich als grünen Vogel fliegen?

Lege beide Hände zwischen deine Brüste, die linke Hand liegt unter der rechten. Und singe ein «A» – ein volles, offenes «A(H)» A(H) – A(H) – A(H).

Konzentriere dich ganz auf dieses «A».

Du bist dieses «A».

Zeitdauer: als Einzelübung mindestens fünf Minuten. Im Rahmen der Gesamtübung ca. zwei Minuten

Übung Nr. 27 Hellblaue sphärenhafte Klänge

Setz dich hin. Stell dir vor, du hörtest hellblaue sphärenhafte Klänge, die durch den Äther zu dir kommen.

Lege deine Hände ganz leicht und sanft auf deinen Kehlkopf. Die Handinnenfläche der linken Hand liegt auf dem Kehlkopf, und die Handinnenfläche der rechten Hand liegt auf der Handoberfläche der rechten.

Du hörst die hellblau bis grünlich-blauen Sphärenklänge, die aus der Weite des Äthers an dein Ohr dringen. Lege, falls vorhanden, eine der folgenden LP, CD oder MC auf:

- Vetter, Michael: «Obertöne», Wergo,
- Benediktiner-Abtei Solesmes: «Gregorianische Gesänge», Christophorus

- Mozart: «Streichquintette»,
- Horn, Paul: «Inside», Epic.

Wir singen das «A» und gehen langsam zum «I» über, dazwischen liegt das «E», dieses «E» halten wir lange:

A – a – e – e – e – e – e – e – e – e – e – i – i .

Übung Nr. 28 Überirdische Kräfte, Indigo- oder «Jeans»-Blau

Du setzt dich hin. Stell dir vor, du hättest überirdische Kräfte und eine übersinnliche Wahrnehmung.

Diese Kräfte sind Indigo- oder «Jeans»-Blau.

Du phantasierst jetzt, wie deine blauen überirdischen Kräfte sind und was du mit ihnen machst.

Konzentriere dich auf einen Punkt etwas oberhalb des Mittelpunktes zwischen den Augenbrauen.

Du siehst diesen blauen Punkt als drittes Auge zwischen deinen beiden Augen.

Nun singe ein «I». Höre laut, wenn möglich, folgende MC, CD oder LP:

- «Musik for Zen-Meditation», Verve (mit Tony Scott),
- «Tibetan Bells», Island records,
- «Karuna Supreme» (mit Ali Akbar Khan),
- «Caravanserei», Santana, CBS,
- «Ummagumma», Pink Floyd, EMI.

Zeitdauer: als Einzelübung mindestens fünf Minuten. Im Rahmen der Gesamtübung ca. zwei Minuten.

Übung Nr. 29 Ein weißer Schein über und in deinem Kopf

Du setzt dich hin. Du siehst einen weißen Schein über und in deinem Kopf.

Du bist ganz eingehüllt von diesen reinen weißen Strahlen. Du legst deine Hände als Dreieck auf den Nabelbereich und atmest tief, langsam und bewußt dorthin.

Nun brumme ein «M», «Mmmmmmmmm m m m».

Öffne langsam den Mund, und singe ein O – o – o – m – m – m – m. Singe das «O–M» einige Minuten. Erlebe und genieße dann die Stille.

Übung Nr. 30 Mit Büchern gegen Angst

Wir können nicht lernen, wenn wir Angst haben. Wenn wir Angst haben, sind unsere Nervenleitungen blockiert, und das freie Fließen der Energien ist nicht möglich. Durch die Bücher-Übung können wir unseren ganzen Körper entspannen.

Die Bücher-Übung konzentriert sich auf die Lockerung der Nackenmuskulatur, und diese ist Dreh- und Angelpunkt für die muskuläre An- bzw. Entspannung des gesamten Körpers (s. auch Zeichnung unten).

1. Ihr Kind stellt sich so an die Wand, daß Schultern und Po mit der Wand Kontakt haben.

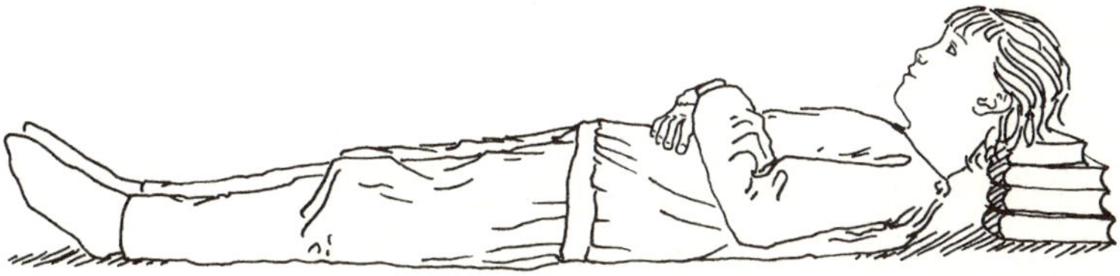

2. Sie messen den Abstand zwischen dem Nacken und der Wand und addieren ca. 2 bis 2,5 cm hinzu. Sie wechseln die Rollen: Ihr Kind mißt den Abstand Ihres Nackens zur Wand.
3. Sie organisieren einige Bücher, die übereinandergelegt die Höhe der errechneten Zentimeterzahl ergeben.
4. Sie stellen sich beide vor, wie sie sich mit der Nackenpartie auf den jeweiligen Bücherstapel legen.

5. Sie führen diese Bewegungen langsam und bewußt aus.
6. Legen Sie die gespreizten Hände in Nabelhöhe so auf den Bauch, daß um den Nabel ein Dreieck entsteht.
7. Atmen Sie und Ihr Kind tief und bewußt dorthin, wo Sie Ihre Hände auf dem Bauch spüren. Beim Einatmen hebt sich der Bauch, beim Ausatmen fällt er langsam in sich zusammen.
Genießen Sie beide das freie Gefühl im Nacken, das freie Gefühl im ganzen Körper.
8. Nachdem Sie ca. zehn Minuten in dieser Position gelegen haben, stellen Sie sich vor, wie Sie aufstehen.
9. Stehen Sie langsam und bewußt auf.
Der ganze Bereich am unteren Ende des Halses, vorne, aber auch besonders hinten im Nacken ist sozusagen ein Verkehrsknotenpunkt für die Muskelspannung des ganzen Körpers. In der Nähe dieses Bereichs gehen sehr wichtige Nervenlinien vorbei, und dort sitzen auch Blutgefäße, die zum Gehirn führen.

Wegen der zentralen Bedeutung des Hals- und Nackenbereichs für die Entspannungsfähigkeit des ganzen Körpers möchte ich nach der Bücher-Übung noch eine weitere Übung vorstellen.

Übung Nr. 31 Hin-und-her-Übung

1. Lege dich auf den Rücken, schließe die Augen, und atme tief, ruhig und gleichmäßig in den Bauch.
2. Drehe jetzt den Kopf langsam und bewußt weit nach links.
Jetzt nimm den Kopf langsam wieder zur Mittellinie, und führe ihn fließend weiter nach rechts und wieder zur Mittellinie.
3. Spüre nach.
4. Führe diese Kopf-hin-und-her-Übung langsam, ruhig und bewußt fünfzehnmal aus und spüre dann nach.
Stell dir «so als ob» vor, daß du diese Bewegung fünfzehnmal ausführst. Du schwebst an der Zimmerdecke und kannst beobachten, wie du den Kopf hin- und herfließen läßt.
6. Führe danach die Übung fünfzehnmal wieder «ganz richtig» aus.

Übung Nr. 32 Reizreduktion I

Installieren Sie für die Zeit der Übung mehrere blaue Glühbirnen im Kinderzimmer.
Legen Sie eine dieser Platten auf:
- «Shakti» von John McLaughlin,
- «Inside» von Paul Horn,
- «Caravanserei» von Santana,
- «Sorcerer» von Tangerine Dream,
- «Ummagumma» von Pink Floyd,
- «Aum/Celebration/Haleakala/Ecstasy» von Georg Deuter.

Setzen Sie sich mit dem Kind (das sich vorher ausgetobt haben sollte) im Schneider-, Lotus- oder Fersensitz in die Mitte des Raumes, und schauen Sie beide mindestens eine Musiknummer lang in den Schein einer brennenden Kerze.

Übung Nr. 33 Reizreduktion II

Wieder beleuchtet blaues Licht den Raum.

Das Kind liegt in seiner Hängematte (falls vorhanden) oder auf einer weichen Unterlage. Leise entspannende Musik ist zu hören. Das Kind schließt die Augen. Es stellt sich vor, an einem Sommertag am Strand zu liegen und immer tiefer in den warmen, weichen Sand einzusinken. Es spürt seinen Hinterkopf, den Nacken, die Schultern, die Ober- und Unterarme, die Hände, die Finger, die Brust, den Taillenbereich. Die Lendengegend, das Kreuzbein, den Po, die Oberschenkel, die Kniekehlen, die Unterschenkel, die Fersen und die Zehen.

Jetzt geht es alle genannten Körperteile einzeln nochmals durch und versucht sich vorzustellen, welchen Abdruck sie auf der Matte, in der Hängematte oder auf einem Stückchen Blaupapier, wenn es zwischen Körper und der Unterlage läge, hinterlassen würden. Bei den Armen und Händen, dem Po, den Beinen und Füßen spannt es die jeweiligen Körperteile an und hält die Spannung einige Minuten. Dann alles loslassen.

Kapitel 6

Das selbstbewußte Gehirn

Was ist unser Selbst? Jemand mit geringem Selbstbewußtsein traut sich wenig zu, schleicht eher durchs Leben, als daß er sich nach dem Prinzip «Hoppla, jetzt komme ich» präsentiert.

Wie ist die Persönlichkeitsstruktur Ihres Kindes? Ist es eher unsicher und ängstlich und wäre in vielen Situationen eigentlich lieber unsichtbar, oder steht es gern im Mittelpunkt und möchte sagen, wo es langgeht?

Wobei übertriebene Darstellungsbedürfnisse eventuell auch ein Oberflächensymptom sein und auf ein tiefsitzendes mangelndes Selbstbewußtsein hindeuten können.

Im Kindesalter wird Selbstbewußtsein primär über die Entwicklung des Körper- und Sinnesbewußtseins entwickelt. Wie Kinder sich erleben und definieren, hängt weitgehend von ihrem Körperempfinden ab, dessen ausgeprägte Funktion für den Aufbau eines Selbstbewußtseins später immer stärker durch immaterielle mentale Strukturen übernommen wird. Im Kinder-, Jugend- und frühen Erwachsenenalter trägt der Körper den «Geist», dann beginnt der «Geist» den Körper zu tragen.

Mentales Training zur Förderung des Selbstbewußtseins bei Kindern beginnt bei Körper- und Sinnesbewußtseins-Übungen und geht dann in den rein mentalen Bereich über.

Übungen zum Selbstbewußtsein

Übung Nr. 34 Ich bin ich

Positives Denken ist der Zauberschlüssel für mentale Leistungen. Negatives Denken ist der Hemmschuh, die undurchdringliche Mauer für mentale Leistungen. Das größte Begabungspotential erblüht erst dann, wenn die richtige mentale Einstellung sich entfaltet hat.

Die richtige Einstellung ist positiv!

Ich bin ich:
Ich bin gut!
Ich bin schön!
Ich bin klug!
Ich bin ich:
Ich bin gut!
Ich bin schön!
Ich bin klug!

Übung Nr. 35 Nie mehr «nicht» sagen

Wenn bei der Selbst-Definition das Wörtchen «nicht» aus dem Kopf gestrichen ist, fließt der mentale Strom. Sätze wie: «Ich kann nicht!» – «Ich weiß nicht!» – «Ich bin nicht intelligent!» blockieren mentale Leistungen.

Suchen Sie sich positive Vokabeln für Ihre Selbst-Definition, zum Beispiel intelligent, attraktiv, lernfähig, kreativ, und bilden Sie Ich-Sätze ohne das destruktive Wörtchen nicht! Wenn Sie über Ihr Kind nachdenken oder sprechen, versuchen Sie bewußt vom negativen Pol und «Nicht»-Definitionen wegzukommen und in positiven Formulierungen zu denken.

Setzen Sie sich mit Ihrem Kind zusammen, und überlegen Sie gemeinsam: «Was ist positiv an uns, Mama und Papa? Was ist positiv an Geschwistern, Freunden, Lehrern usw.?»

Dann überlegen Sie gemeinsam, was ist negativ am anderen. Formulieren Sie das Negative gemeinsam in Positives um.

Zum Beispiel muß Aggressivität nicht immer zerstörerisch sein, sie beinhaltet Antriebsenergie und hat auch reinigende Wirkung. Wut im Bauch macht krank, positiv ausagierte Wut tut gut.

«Ich bin aggressiv» kann man also positiv sehen.

Suchen Sie gemeinsam mit Ihrem Kind nach akzeptablen Ausdrucksmöglichkeiten für Wut, zum Beispiel mit einem Pingpongball oder Boxhandschuhen.

Übung Nr. 36 Ich bin klug, weil ...

Es geht um das Sich-selbst-bewußt-Werden. Machen Sie eine gemeinsame «Positivliste», was Sie alles sind und können. Greifen sie sich dann jeder einen Satz heraus, den sie gemeinsam vertreten können: «Ich bin intelligent.» – «Ich bin clever.» = «Wir sind klug.»

Machen Sie nun folgendes Spielchen: «Ich bin klug, weil ich den Ball so oft treffe!»

«Ich bin klug, weil mir das Richtige einfällt!»

«Ich bin klug, weil ich das Bild vom Einhorn gemalt habe!»

«Ich bin klug, weil ich Auto fahren kann!» usw.

«Ich bin klug, weil ich ...!»

Üben Sie mit Ihrem Kind gemeinsam, jede Alltagssituation positiv zu sehen und zu formulieren.

Das Selbstkonzept Ihres Kindes entscheidet eher über Schulerfolge als das Begabungspotential. Prüfen Sie Ihre pädagogischen Maßnahmen und Äußerungen in jeder Situation bewußt daraufhin, ob Sie das Selbstbewußtsein Ihres Kindes aufbauen oder zerstören. Auch das mental begabtere Kind kann sein Reservoir nicht ausschöpfen und aktivieren, wenn es «kleingemacht» wird durch negative Haltungen seiner Bezugspersonen, seien es die Eltern oder Lehrer. Gute Lehrer kennen den wissenschaftlich untersuchten Pygmalion-Effekt: Das Kind leistet nur das, was der Lehrer ihm zutraut.

Lassen Sie für Ihr Leben einmal entscheidende Personen, Situationen etc. Revue passieren, die Ihr Selbstbewußtsein aufgebaut bzw. zerstört haben, und überlegen Sie, wie sich auch heute noch die Meinungen anderer Menschen auf Ihr mentales Leistungsvermögen auswirken.

Sinnes- und Körperübungen

Übung Nr. 37 Marionettenfäden

Lege dich in Rückenlage auf den Boden. Nun versuche, deine Knochen zu erspüren. Sicherlich kennst du ein Skelett, dieses gruselige Ding, das mit Vorliebe nachts durch alte Schlösser schleicht und ganz mächtig mit sich selbst, nämlich mit den Knochen, klappert. Stell dir dieses Skelett einmal vor.

Spürst du jetzt ganz konzentriert, wie du auf der Unterlage liegst?

Wo berührst du die Unterlage, und wo ist Luft zwischen ihr und dir (zum Beispiel im Nacken, in den Kniekehlen, im Hohlkreuz etc.)?

Geh deinen Körper von oben bis unten und von unten bis oben durch.

Stell dir vor, du wärst eine Marionette, an deren Knien ein unsichtbarer Faden befestigt ist.

Dieser Faden zieht jetzt das rechte Knie langsam nach oben, langsam, ganz langsam! So, jetzt steht die Fußsohle auf dem Boden und nun das linke Knie. Stell dir ganz genau vor, wie deine Knochen diese Bewegungen ausführen.

Spürst du etwas im Rücken?

Jetzt ziehen die Marionettenfäden deine Knie langsam, ganz langsam in Richtung Schulter. Du läßt jetzt die Knie nach rechts, dann nach links gleiten, aber bitte alles im «Schneckentempo».

Jetzt werden deine Arme hochgezogen, zuerst der rechte Arm. Stell dir wieder vor, wie der Marionettenfaden direkt am Knochen angebracht ist. Dieser unsichtbare Faden zieht erst den rechten und dann den linken Arm hoch, um ihn dann, jeden Arm für sich, im Zeitlupentempo wieder sinken zu lassen.

Nun zum Hals. Ein Faden sitzt am linken und einer am rechten Ohr. Du spürst, wie der rechte Marionettenfaden leicht und sanft an deinem rechten Ohr zupft, und langsam, ganz langsam dreht sich der Kopf nach rechts und dann wieder ganz langsam und bewußt zurück zur Mitte.

Jetzt beginnt das leichte Ziehen am linken Ohr. Du drehst langsam den Kopf zur linken Seite und wieder zurück zur Mitte. Du spürst deutlich deine Halswirbel.

Übung Nr. 38 Luftballon

Für diese Übung brauchst du einen Luftballon. Außerdem mußt du wissen, wo dein Kreuzbein ist. Laß es dir, falls notwendig, am Skelettbild erklären.

Du liegst auf einer Unterlage in einem ruhigen Zimmer. Unter dein Kreuzbein legst du den leicht aufgeblasenen Luftballon.

Leg dich bequem auf den Luftballon. Die gespreizten Hände liegen auf dem Nabel, und du merkst, wie sich die Hände beim Einatmen heben, weil der Bauch dick wird, so dick, wie der Luftballon darunter, und noch dicker. Atme langsam ein und aus. Bleib ca. 3 bis 5 Minuten so liegen. Dann stell dir vor, wie du mit deiner bevorzugten Hand den Luftballon wegnimmt und neben dich legst. Dann führe diese Bewegung langsam aus. Du liegst da und spürst deinen Körper. Du merkst, daß ein Skelett nur hart und leblos aussieht, eigentlich aber lebendig und elastisch ist.

Übung Nr. 39 «A a a a»

Setzt euch bequem hin und gebt den Laut «a a a a» von euch, «a a a a». Wie weit müßt ihr den Mund öffnen, um den Laut hervorzubringen? Wie verändert sich der Laut, wenn ihr die Mundstellung verändert? Macht mindestens zehnmal «a a a a» beim Ausatmen.

Nun bitte den Mund schließen und «a» machen, jetzt nur an das «a» denken.

Haltet die Lippen weiterhin geschlossen, und legt die Zähne locker aufeinander. Macht «m m m m m m».

Ihr könnt ruhig mit den Zähnen experimentieren. Die Lippen bleiben verschlossen, öffnet sie manchmal etwas, und legt sie dann wieder aufeinander.

Jetzt macht «a» mit geöffnetem Mund, und spürt den Laut in eurem Kopf, in eurem Gehirn. Macht ein mentales «a a a a», das deutlich im Gehirn zu spüren ist. Macht «a a a», und verschließt mit einem Finger der linken Hand das rechte Ohr. Wie hört ihr das «a» jetzt?

Schlagt dann bitte einige Male mit der Hand – das Ohr bleibt verschlossen – auf den rechten Oberschenkel.

Merkt ihr, wie ihr den innerlich erzeugten Laut mit dem Ohr hört, das gerade zugehalten wird, und den Schlag auf den Oberschenkel, so als würde er mit dem linken Ohr gehört? Probiert es auch «umgekehrt» aus. Haltet euch jetzt beide Ohren zu, und macht mit geöffnetem Mund «a a a a».

Schließt die Lippen, und macht «a» – es wird klingen wie «m m m». Macht diese Laute so laut ihr könnt, abwechselnd mit geschlossenem und geöffnetem Mund. Ihr werdet merken, daß dann, wenn der Mund geschlossen ist, das Klangvolumen im Kopf zunimmt – das Gehirn vibriert. Das ist Mentales Training.

Macht «m m m m», solange es euch gefällt.

Übung Nr. 40 «Ich bin ich»

Den folgenden Text soll Ihr Kind laut lesen.

Ich bin ich!

Ich habe einen klugen Kopf, weil mein Gehirn groß und leistungsfähig ist. Mein Gehirn arbeitet ununterbrochen bei Tag und Nacht, jede Stunde, jede Minute, jede Sekunde.

Ich bin mir jederzeit meiner Stimme bewußt. Ich höre mich reden, egal ob ich die Worte ausspreche oder nicht. Sie ist ich.

Ich bin mir meiner Arme und Hände bewußt, sie sind geschickt und erledigen für mich viele Dinge. Sie sind ich.

Ich bin mir meines Bauches bewußt, er arbeitet ununterbrochen für mich. Er ist ich.

Ich bin mir meiner Beine und Füße bewußt. Sie tragen mich dorthin, wo ich will. Sie sind ich. Während ich diese Dinge höre oder lese, weiß ich: In meinem Gehirn rattert und arbeitet es. Mein Gehirn bin ich, und mein Gehirn arbeitet gut!

Kapitel 7

Welcher Lerntyp ist Ihr Kind?

Rechts oder links – das ist hier die Frage

Mit den beiden unterschiedlichen Funktionen der beiden Hirnhälften haben wir uns schon im Kapitel 1, s. S. 15–28, beschäftigt.

Beide Seiten müssen im wahrsten Sinne des Wortes zu einer funktionierenden Einheit zusammenfließen, um ein mentales Lern-Optimum zu entfalten.

Bei den meisten Menschen ist aufgrund der bisherigen Entwicklung und der Präferenzen in seiner Umgebung eine der beiden Hemisphären dominant.

Wenn Sie Ihr Kind mental optimal fördern wollen, müssen Sie herausfinden, zu welchem «Hirnarbeitstyp» Ihr Kind gehört.

Ist es

a) ein rechtshirniges Kind oder

b) ein linkshirniges Kind?

Das Zusammenwirken der beiden Hirnhälften versuche ich an folgendem Gedicht von William Blake zu zeigen:

«Um eine Welt in einem Sandkorn zu sehen
Und einen Himmel in einer Wildblüte,
Halte die Unendlichkeit in Deiner Hand
Und die Ewigkeit in einer Stunde.»

Mit der linken Hirnhälfte identifizieren wir die Buchstaben, Wörter, Sätze, entnehmen den Sinn rational, verstehen aufgrund der Analyse und Synthese der Buchstaben, Wörter und Sätze. Den künstlerisch-schöpferischen Inhalt verstehen, die Idee des Zitates und unsere Interpretation und Empfindung dazu, dies leistet unsere rechte Hirnhälfte.

Wie finden Sie heraus, zu welchem Lerntyp Ihr Kind gehört?

Durch Beobachtung.

Bedenken Sie, daß alle Kinder selbstverständlich ständig beide Hirnhemisphären nutzen. Es geht nur darum, welche offenbar überwiegt.

Die Fähigkeiten der bevorzugten Hälfte sind bei dem Kind stärker vertreten und besser trainiert.

Das linkshirnig orientierte Kind

Und hieran erkennen Sie das Kind, das mehr die linke Hemisphäre nutzt:

- Es kann prima logisch denken.
- Es kann recht gut abstrakte Symbole, wie das Alphabet, die Zahlen und das Einmaleins lernen.
- Es schlußfolgert von Einzelheiten zum Allgemeinen.
- Es begreift schnell, daß «Rose» das Wort für eine so und so aussehende Blume ist.
- Es kommt beim Lesen- und Schreibenlernen besser mit der Methode vom Buchstaben zum Wort zurecht.
- Es ist klar, sachlich, aber eventuell wenig kreativ und spontan.
- Es spricht und schreibt gut
- Es ist unter Umständen grob- und feinmotorisch etwas ungeschickt, vor allem, wenn rhythmische Elemente einfließen.
- Es kann Unordnung schlecht ertragen.
- Es hält eher großen Körperabstand und sucht nicht unbedingt engen Körperkontakt.
- Es liebt geordnete Verhältnisse und neigt eher etwas zum zwanghaften Festhalten an Bekanntem.
- Es hält Phantasiegeschichten und Science-fiction eigentlich für spinnert und überflüssig (obwohl doch auch ganz spannend und unterhaltsam).
- Es hat keine Schwierigkeiten mit der Zeit.
- Es ist sprachlich, mündlich wie auch schriftlich gut.
- Es hat eine kurze Phase des magischen Denkens.

Sie merken sicher schon, daß in üblichen Kategorien, sprich Schubladen, geordnet, linkshirnige Menschen folgende sind: Denker, Mathematiker, Realisten, klare Köpfe.

Das rechtshirnig orientierte Kind

Beim rechtshirnig orientierten Kind finden sich folgende Besonderheiten:

- Es lernt lieber ganze Sätze und muß dann lernen, sie zu analysieren, ja es hat es generell lieber, sich erst mit Ganzheiten zu befassen und dann an die «Kleinigkeit» zu gehen.
- Es muß sich Symbole mit Konkretem «lebendig machen».
- Es erfaßt und begreift sich und seine Umwelt und löst sich erst spät vom Gegenständlich-Konkreten.
- Es tut sich mit Abstraktem schwer.
- Es kann beim Zahlenlernen Mengen und deren Symbole viel besser verstehen, wenn es sie an Konkretem wie zum Beispiel Geld, Kugeln oder auch den Fingern lernen kann.
  Beispiel: Daß 8 – 3 = 5 ist, setzt sich erst in ihrem Schädel fest, wenn sie häufig drei von acht Fingern «verstecken» und die restlichen Finger zählen, indem sie sie anfassen und dadurch be-greifen, im Sinne des Wortes.
- Es hat Schwierigkeiten mit der Zeit: Sein Tag ist nicht unterteilt in Sekunden, Minuten und Stunden, sondern in die Länge von Schallplattenseiten, oder er ist sowieso ganz rund ohne Ende und Anfang.
- Es löst Rechenaufgaben intuitiv, hat aber oft Schwierigkeiten, die Ergebnisse zu erklären.
- Es ist häufig sprachlich ein «Spätzünder». Aber wenn es sich zur verbalen Kommunikation «entschlossen» hat, ist es sehr erfinderisch und phantasievoll im Umgang mit der Sprache.
- Es kann auch noch mit fünf Jahren sagen: «Nein, ich esse den Zwieback nicht, es tut ihm weh, wenn ich ihn zerbeiße!» Und es fürchtet sich vor dem Gang in den Keller mehr als andere Kinder, da ja die Welt voller Wesen ist, die man nicht sehen kann.
- Es bemalt seine Hefte, Tische und Wände mit allen möglichen Gestalten.
- Es hat eine ausgeprägte Mimik und Gestik.
- Es schneidet nicht gern mit einer gestrichelten Linie gekennzeichnete Dinge aus.
- Es ist motorisch sehr aktiv.
- Es «hängt» auf dem Stuhl herum.
- Es ist unordentlich.

- Es «spinnt» gerne Geschichten aus, so daß die Grenze zum «Lügen» fließend ist.
- Es springt beim Erzählen (auch beim schriftlichen Erzählen, sprich Aufsatz) «vom Hölzchen aufs Stöckchen» (von einem Detail zum anderen), hat aber für sich die ganze Geschichte im Kopf.
- Es bewegt lange beim stillen Lesen den Mund mit.
- Es hat eine lebhafte Zungen- und Mundmotorik bei feinmotorischen Arbeiten.

Wie hält Ihr Kind den Bleistift beim Schreiben? Eine verdrehte Handstellung und Papierlage deuten beim rechtshändigen Kind auf eine rechtshemisphärische Dominanz hin. Um genauer festzustellen, zu welchem Lerntyp Ihr Kind gehört, können Sie den «Augentest» mit ihm machen.

Augenbewegungen und Mentales Training

Es besteht ein Zusammenhang zwischen Augenbewegungen und Hirnhemisphärendominanz.

Wird eine Hemisphäre stimuliert, bewegen sich die Augen in die entgegengesetzte Richtung, da die meisten Nervenbahnen sich im Hirnstamm kreuzen. Ganz grob und global kann gesagt werden, daß die Bewegungen der rechten Körperhälfte von der linken Hirnhälfte gesteuert werden und umgekehrt.

Das läßt sich auch im Alltag beobachten. Besonders in Stress-Situationen wird die dominante Hemisphäre aktiviert und – leider – nicht die, welche für diese Situation besser geeignet wäre.

Dazu können Sie mit Ihrem Kind folgenden spielerischen Test machen:

Stellen Sie sich im Abstand von ca. einem Meter vor Ihr Kind, und halten Sie Blickkontakt mit ihm.

Stellen Sie bitte Ihrem Kind folgende Fragen, und beobachten Sie dabei die Augenbewegungen des Kindes.

Fragen

1. Wie fühlt sich Schnee an?
2. Wie sieht dein bester Freund aus?
3. Welches Lied magst du besonders gern?
4. Welches Geräusch macht der Motor eines Autos?
5. Stell dir vor, du gehst am Strand barfuß auf heißem Sand.
6. Wie schmeckt Schokoladeneis?
7. Stell dir einen tropfenden Wasserhahn vor.
8. Wo ist bei einer Ampel Rot?
9. Hörst du, wie jemand dich mit deinem Namen ruft?
10. Stell dir vor, wie du unter der Dusche stehst.

Nach folgenden Kriterien können Sie den Lerntyp bestimmen:

Die Augenbewegungen gehen nach oben: visueller Typ – **(rechtshirnig)**

Die Augenbewegungen gehen – vom Beobachter aus gesehen – nach links bzw. unten rechts: auditiver Typ – **(linkshirnig)**

Die Augenbewegungen gehen – vom Beobachter aus gesehen – nach unten links: taktiler Typ – **(rechtshirnig)**.

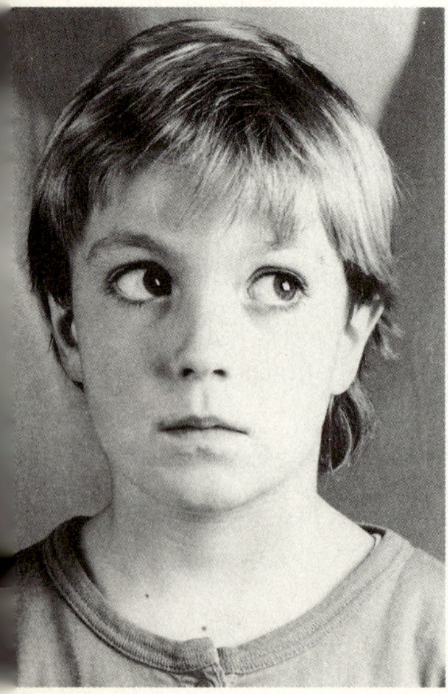

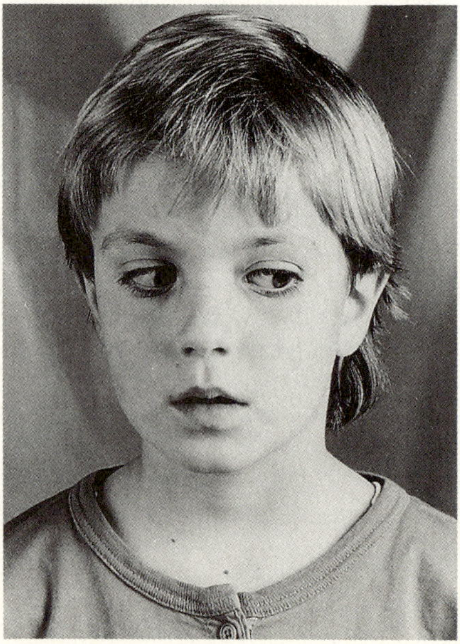

Das *Hör-Kind* (auditiver Typ) lernt hauptsächlich über Höreindrücke, also durch Zuhören, Lauschen, Sprechen.

Seh-Kind und *Fühl-Kind* machen mehr von der rechten Hemisphäre Gebrauch.

Das *Seh-Kind* (visueller Typ) lernt hauptsächlich über optische Stimulation wie Schauen, Blicke, Vorstellung, Erkenntnis.

Dem *Fühl-Kind* (taktiler Typ) sind wesentliche Impulse beim Lernen: Berührung, Be-Greifen, Gefühl, Spannung, Fließen.

Nachdem Sie sich einen ersten Überblick verschafft haben, stellen Sie Ihrem Kind in einem weiteren kleinen Test jetzt folgende Fragen:
- Was hast du heute morgen gemacht?
- Was macht dich glücklich?
- Wie heißt du?
- Warum ist 1 + 1 = 2?
- Was heißt: jemanden übers Ohr hauen?

Wieder beobachten Sie die Augenreaktionen.

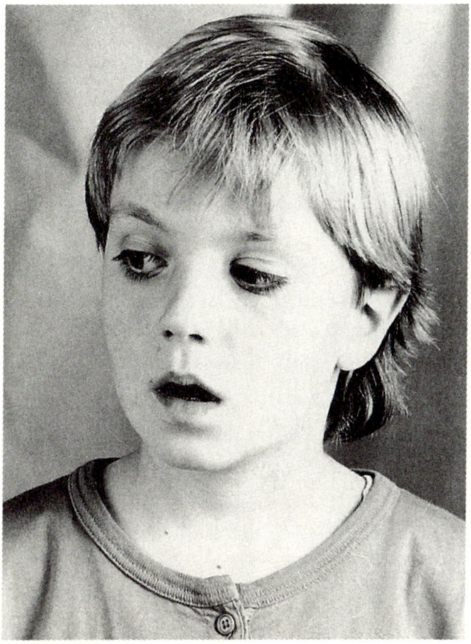

Visueller Typ (rechtshirnig): Die Augen gehen bei den Fragen nach oben. Auditiver Typ (linkshirnig): Die Augen gehen – vom Beobachter aus gesehen – zur Seite nach unten links. Taktiler Typ (rechtshirnig): Die Augen gehen – vom Beobachter aus gesehen – bei den Fragen nach unten links.

Entsprechend gehen die Augen eines Kindes, das auf die gestellten Fragen innerlich nach einer Antwort sucht und dem *linkshirnig-auditiven* Lerntyp zuzuordnen ist, nach – vom Beobachter aus gesehen – rechts oder sogar, geradezu klassisch, nach seitlich-rechts.

Ein *rechtshirnig-visuell* orientiertes Kind vom Seh-Lerntyp wird wahrscheinlich nach links bzw. links oben schauen. Ein Fühl-Kind mit einer taktil-kinästhetischen Lerndominanz wird eventuell keine ausgeprägte Augenbewegungs-Präferenz an den Tag legen.

Für die aktuelle Situation gilt: Generell sollte das Kind den Lernstoff so präsentiert und zubereitet bekommen, wie es seinem Lerntypus entspricht.

Ein langsames und vorsichtiges «Aufschließen» der bisher verschlossenen Lern-Sinne ist gerade durch Mentales Training auf behutsame Art und Weise möglich. Ausgangspunkt ist dabei der eigene «Lerntyp», dem dann die Kanäle der anderen Sinnes-Lerntypen erschlossen werden.

Für das rechtshemisphärische Kind, das gern intuitiv nach links schaut, besteht Mentales Training darin, daß der Lernstoff so aufbereitet wird, daß er den mentalen Gewohnheiten des Kindes entspricht, also über Fühlen, Rhythmus und Visualisierung.

Das heißt, dieses Kind muß anfassen und be-greifen können, was es lernen soll. Lassen Sie es 3 + 3 an den Fingern abzählen, oder schlagen Sie 3 + 3 zum Beispiel auf einem Tamburin an.

Für das linkshemisphärische Kind, das gern intuitiv nach rechts schaut, bedeutet Mentales Training, daß es über Fühlen, Rhythmus und Visualisierung lernt, da es,

- wenn es Schwierigkeiten mit Sprache, Zahlen und Zuhören hat, die Grundlagen der rechten Hemisphäre benötigt,
- wenn es keine Schwierigkeiten mit Sprache, Zahlen und Zuhören hat, durch die stärkere Zusammenarbeit seiner beiden Hemisphären zu größerer Leistungsfähigkeit kommt und sich die einseitige Links-Orientierung zugunsten einer Rechts-links-Synchronisation auflöst.

Übung Nr. 41 Mentales Training für **Augen-Lern-Kinder**

Bieten Sie Ihrem Kind zuerst die Lerninhalte visuell/optisch an und fügen Sie dann einen weiteren Kanal hinzu.

Beispiel: Ihr Kind möchte Tennisspielen lernen. Schauen Sie mit ihr/ihm zusammen Steffi-Graf- oder Boris-Becker-Spiele an, und geben Sie Kommentare zu dem Spiel, zum Beispiel: «Schau, wie die Steffi ans Netz geht», oder: «Boris geht ganz weit nach links mit dem rechten Arm und schlägt den Ball flach über das Netz.»

Übung Nr. 42 Mentales Training für **Ohren-Kinder**

Zuerst wird das zu Erfahrende dem Kind akustisch vermittelt.
Falls es sich um einen Text handelt, sprechen Sie ihn für Ihr Kind auf Tonband, oder es liest den Text selbst laut und spricht ihn dabei auf das laufende Band, um ihn sich dann mehrmals in entspanntem Zustand anzuhören. Dabei werden im Kopf Bilder erzeugt, die dann malerisch zu Papier gebracht werden. Anschließend liest das Kind den Text (nochmals) und schaut sich die eigenen Bilder dazu an.

Wenn es sich um etwas handelt, was durch Handlung oder eigenes Tun ausprobiert werden kann, dann unbedingt aktiv werden. Getanes – auch Versuch und Irrtum – kann am besten gespeichert werden.

Übung Nr. 43 Mentales Training für das **Fühl-Kind**

Zuerst den von Ihrem Kind bevorzugten Kanal – in diesem Fall den taktil-kinästhetischen – aktivieren. Wie das rechtshemisphärische Kind kann dieses Kind sich dem Abstrakten nur über das Konkrete nähern. Mathematische Aufgaben, auch einfache Rechenaufgaben, müssen gefühlt, gesehen oder geschmeckt werden.

Wenn von fünf Gummibärchen (aus dem Reformhaus mit Honig) drei Bärchen weggegessen werden, sind nur noch zwei Bärchen übrig.

Übrigens: Gefühlt werden kann nicht nur Konkretes, sondern auch Abstraktes. Dann den Seh- oder Hörkanal mit einbeziehen.

Beispiel: Ihr Kind soll die Uhr lernen.

- Sie malen eine Uhr auf ein großes Stück Tapete o.ä.
- Ihr Kind stellt sich vor, sein bevorzugter Arm wäre um einiges länger

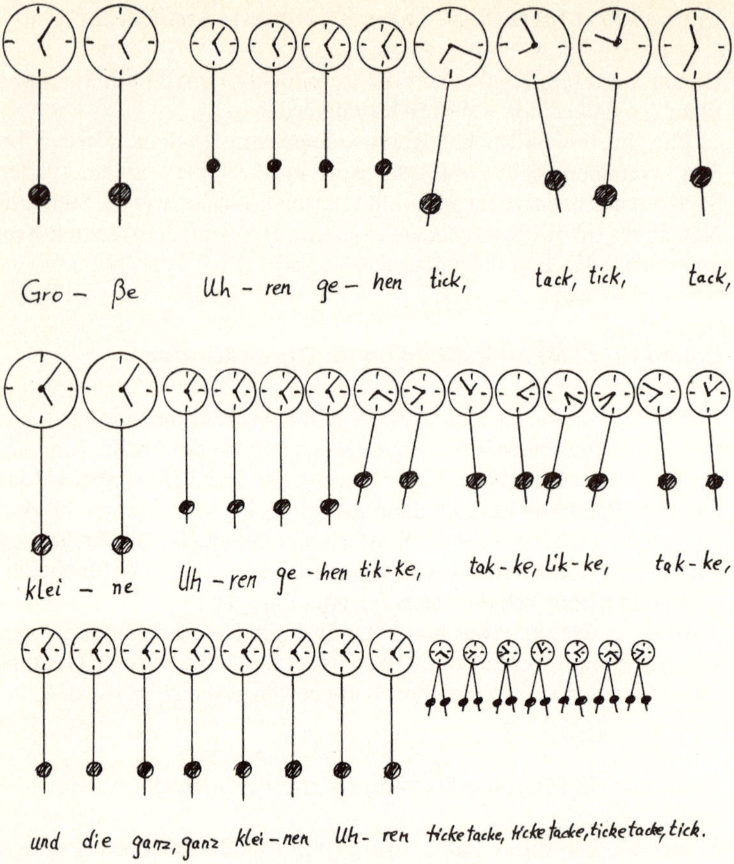

als der andere Arm. Der dominante Arm wird zum großen Uhrzeiger und der andere Arm zum kleinen Uhrzeiger.

– Die Zeiger stellen sich auf 12 Uhr und gehen mit jedem rhythmischen Schlag eine Stunde weiter. Im Anschluß daran befühlt es große und kleine Uhren. Es beobachtet den Sekundenzeiger, schlägt den Zeittakt und vergleicht ihn mit seinem Pulsschlag.

Dann beobachtet es den Minutenzeiger. Es schlägt den Minutentakt mit der einen Hand und den Sekundentakt mit der anderen. Dann beobachtet es den Stundenzeiger (zwischendurch darf gespielt werden, sonst wird es zu langweilig).

Beim Stundenwechsel die Tapeten-Uhr von einer Zahl auf die nächste. Das Kind spricht dazu: «Eben war es drei Uhr, und jetzt, hops, ist es vier Uhr, und in der Zwischenzeit habe ich das und das gemacht. Mir kommt eine Stunde ganz lang vor – oder ziemlich kurz, je nachdem, was ich zwischen den Stunden mache.

Es gibt eine innere Zeit und die Zeit der Uhr. Die Zeit der Uhr ist ein rhythmisches Ticken.»

Zum Schluß wird das Lied gesungen: «Große Uhren gehen tick, tack, kleine Uhren gehen ticke, tacke, ticke, tacke» (s. Zeichnung, S. 104).

Kapitel 8

Die beiden Hirnhälften arbeiten zusammen

Anschauung, Handeln, Be-greifen helfen, daß die linke und rechte Hirnhälfte miteinander zusammenwirken.

Wie Sie auf Seite 45 gesehen haben, wird die größtmögliche mentale Nutzung der gegebenen Möglichkeiten erreicht, wenn beide Gehirnhälften optimal miteinander arbeiten.

Hier nun Übungen, die die «Interhemisphärische Integration», wie das Zusammenspiel der beiden Hirnhälften wissenschaftlich genannt wird, durch Training des Balkens fördern.

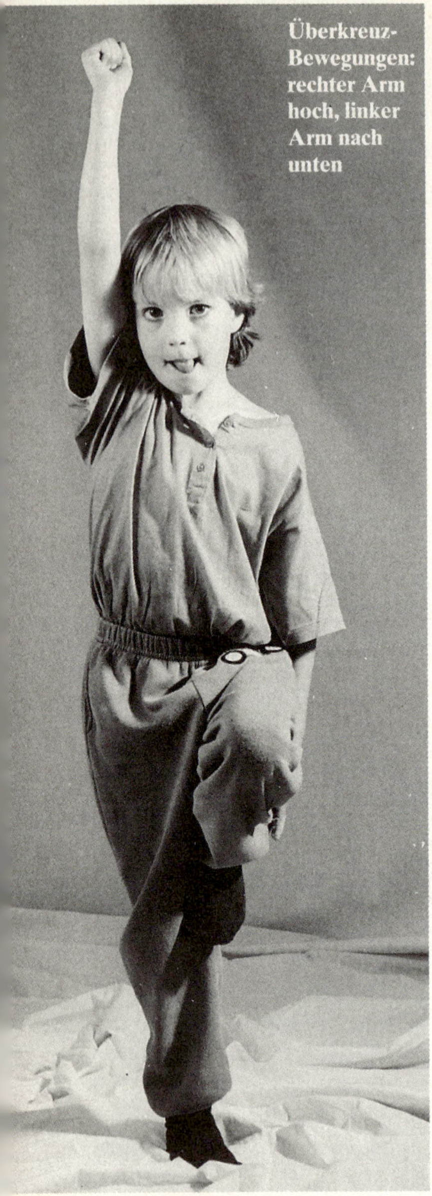

Überkreuz-Bewegungen: rechter Arm hoch, linker Arm nach unten

Stellen Sie sich vor, Ihr Kind hat den Doppelnamen R-enate-L-uise.

R-enate symbolisiert Renate-Luises rechte Hirnhälfte und L-uise repräsentiert Renate-Luises linke Hirnhälfte.

Im großen und ganzen verstehen sich Renate und Luise ganz gut, da der Extrakt aus beiden: Re-Lu als Brücke fungiert und R + L zwischen beiden vermittelt.

Doch die Synchronisation, die gleichförmige Zusammenarbeit der beiden, läßt sich noch optimieren.

Übung Nr. 44
Überkreuz-Bewegungen

Überkreuz-Bewegungs-Übungen sind gekennzeichnet durch rhythmische Beziehungsbewegungen der beiden Körperhälften, und zwar nach dem Prinzip:

Obere (bzw. untere) Extremitäten der einen Seite und untere (bzw. obere) Extremitäten der anderen Seite werden rhythmisch bewegt. Zum Beispiel linker Arm und rechtes Bein.

Da die Bewegungen der linken Körperhälfte von der rechten Hirnhemisphäre und umgekehrt die Bewegungen der rechten Körperhälfte von der linken Hirnhemisphäre gesteuert werden, aktivieren diese Überkreuz-Bewegungs-Muster die Brücke zwischen den beiden Hirnhälften.

Überkreuz: rechter Ellbogen, linkes Knie

… linker Ellbogen, rechtes Knie …

Auch eine
Überkreuz-Übung:
Kopf und Bauch,
und dann anders-
herum!

Mittellinie-Übungen

Viele Kinder, aber auch Erwachsene haben Schwierigkeiten, ihre eigene Körpermittellinie zu überschreiten. Diese Menschen können die Augen nicht richtig kreisen lassen.

Übung Nr. 45 Mentales Malen

Sie brauchen:
einen großen Papierbogen, eine Tapetenrolle, Fingerfarbe, dicke Wachsmalstifte.

Das Kind malt auf das Papier zuerst mit seiner bevorzugten Hand große Kreise, dann eine liegende Acht und dann Wellenlinien, erst in die eine, dann in die andere Richtung.

Dann kommt die andere Hand dran: große Kreise, dann eine liegende Acht und dann Wellenlinien, erst in die eine, dann in die andere Richtung.

Dabei achten Sie darauf, daß das Kind in der Mitte des jeweiligen Malvorgangs den Stift **nicht** unwillkürlich in die andere Hand wechselt.

Übung Nr. 46 «Drittes Auge»

Das Kind setzt sich im Schneider- oder Lotussitz hin und schließt die Augen. Es konzentriert sich ganz auf den (inneren) Punkt zwischen den Augen, das sogenannte dritte Auge, etwas oberhalb der Augenbrauen. Die Augenmuskeln sind entspannt, die Lider liegen locker aufeinander. Langsam beginnt das Kind die Augen im Uhrzeigersinn zu rollen. Start ist 12 Uhr, es rollt auf ein Uhr / zwei Uhr / drei Uhr / vier Uhr usw., bis 12 Uhr wieder erreicht ist.

Beim zweiten Durchgang werden die Augen, immer noch geschlossen, entgegen dem Uhrzeigersinn gerollt.

Das konzentrierte Mentale Training – vom Kreis zum Punkt

Wir wissen, was passiert, wenn wir einen Stein ins Wasser werfen:
Es entstehen Kreise.

Die kleinen Kreise werden immer größer und größer.
Wir wollen – umgekehrt – beide Wege gehen:

– Vom großen Kreis zum kleinen Punkt, oder, anders ausgedrückt: von vielen Dingen mit einer gestreuten Aufmerksamkeit und Konzentration zu einem kleinen Punkt, auf den alle Aufmerksamkeit konzentriert ist, wie wir das mit den Fotos auf S. 132/133 veranschaulichen.
– Vom kleinen Punkt nach draußen in die Welt der vielfältigen Sinneswahrnehmung.

Übung Nr. 47 Einen Apfel essen

Besorge dir einen Apfel. Eventuell mußt du in das nächste Geschäft laufen oder nur in die Küche. Merke dir, was du auf diesem längeren oder kürzeren Weg erlebst. Nimm die Umgebung wahr, die Möbel, die Autos, Bilder, Menschen und die Geräusche, die Musik, den Autolärm, das Vogelgezwitscher, den Regen, das Klopfen. Nimm dich auch wahr, wie du dich anfühlst – warm/kalt und wie/was du fühlst. Freust du dich, bist du aufgeregt, gelangweilt oder ängstlich? Spürst du deine Beine Schritte machen, die Arme am Körper herunterbaumeln oder nach etwas greifen?

Nun siehst du den Apfel. Faß den Apfel an, nimm ihn in die Hände.

Gehe zurück an einen stillen Ort und nimm den Apfel wahr, wie er riecht und sich anfühlt.

Setz dich in den Fersen-, Schneider- oder Lotussitz, und halte den Apfel in beiden Händen.

Schließ die Augen.

Versuche, den Apfel innerlich zu riechen, zu fühlen und zu sehen.

Spüre, wie er schmecken wird, wenn du in ihn hineinbeißt:

Spüre den Saft, die Festigkeit, die Säure, die Süße.

Jetzt beiß langsam in den Apfel.

Du kaust ganz langsam und bewußt und erlebst den Apfel, während du ihn verspeist. Jetzt ist er in dir und wird zu mentaler Energie.

Übung Nr. 48 Abc-Punkt

Schreibe das Abc auf:

A B C D E F G H I J K L M N O P Q R S T U V W X Y Z

Nun lies das Alphabet rückwärts, also von Z – A.

Tippe mit geschlossenen Augen auf einen Buchstaben.

Öffne die Augen und schreibe langsam diesen Buchstaben in Druckschrift (zum Beispiel das A).

Nun überlegst du dir (mit geschlossenen Augen), was du aus diesem A machen kannst.

Dann male dein mentales Bild.

Schließe die Augen wieder, und versuche, das Bild deutlich vor dir zu sehen. Das Bild wird langsam wieder zum Ausgangs-Buchstaben. Jetzt setz deine mentale Vorstellung in die Tat um: Male dein «Kopf-Gedanken-Bild» auf ein Blatt Papier.

Übung Nr. 49 Spiral-Punkt

Schau dir die unten abgebildete Spirale an.

Gehe mit deinen Augen von außen nach innen, bis du an dem innersten Punkt der Spirale angelangt bist …

Gehe mit Deinen Augen von außen nach innen, bis du an dem innersten Punkt der Spirale angelangt bist. Schaue einige Sekunden – oder auch Minuten – auf diesen Punkt im Zentrum der Spirale.

Schließe deine Augen. «Sieh» und erlebe diesen Punkt in deinem Kopf. Versuche dich ganz auf diesen Punkt zu konzentrieren.

Nun laß den Punkt vom Kopf in das rechte Ohr rutschen und dann in das linke Ohr hinüberwandern. Gleite mit deiner Punkt-Konzentration in den Hals und fließe in den rechten Arm, dann in den linken Arm, komm zur Mitte der Brust und gleite in den Bauch. Der Punkt fließt in das rechte Bein bis in die Zehen.

Er sitzt im kleinen Zeh, genannt Zippelchen, er sitzt im nächsten linken Zeh, genannt Zappelchen. Er sitzt im mittleren Zeh, genannt Zawiebelchen. Er sitzt im nächsten Zeh, genannt Zerebellchen, er sitzt im dicken großen Zeh, genannt Zerebrummchen.

Der Punkt wandert langsam wieder hoch und flutscht in das linke Bein, besucht dort den großen Zeh, genannt?, den nächsten Zeh, genannt?, den mittleren Zeh, genannt?, den nächsten Zeh, genannt?, den kleinen Zeh, mit Namen?

Gehe jetzt wieder hoch mit dem Punkt, bis du im Kopf angelangt bist. Dort nistet sich der kleine Punkt zwischen deinen Augenbrauen oberhalb der Nasenwurzel ein. Und dann, ganz, ganz langsam löst sich dein kleiner Punkt auf.

Öffne erst dann die Augen, wenn er ganz verschwunden ist.

Übung Nr. 50 Musik-Punkt

Du sitzt im Schneider-, Fersen- oder Lotussitz.

Suche dir dein liebstes Kinderlied aus, und singe es, egal ob laut oder innerlich.

Dann lege eine Kassette, CD oder Schallplatte auf, und hör dir dein Lieblingslied über Kopfhörer an – die Augen sind geschlossen. Versuche dabei wahrzunehmen, was sich in deiner Umgebung so tut.

Nimm auch wahr, was sich in dir so tut.

Wie sitzt du?

Was fühlst du?

Lege deine gespreizten Hände auf den Nabel. Lausche der Musik, und langsam wirst du zur Musik.

Du bist eine Note.

Oder eine Schallwelle.

Du löst dich vom Boden und schwebst als Musik durch die Luft. Wenn die Musik verklungen ist, kommst du langsam wieder zurück.

Übung Nr. 51 Kipp-Würfel-MT

Pause das Gebilde auf dieser Seite durch, und schneide es an den Linien entlang aus. So wird es zusammengeklebt:

- Linie A C und dann Linie D E nach vorn knicken.
- Von A nach B einschneiden.
- Die beiden oberen «Quadrate» nach vorn klappen, übereinanderschieben und verkleben, so daß so etwas wie ein offener Raum entsteht. B bildet die hintere obere Decke.
- Den Würfel in die Hand nehmen.
- Ein Auge schließen und die Decke (B) fixieren. Mit den Augen die Decke nach vorn ziehen, bis sich das Umkehrbild stabilisiert.
- Ausprobieren, was der Würfel außer «umkippen» noch alles kann.

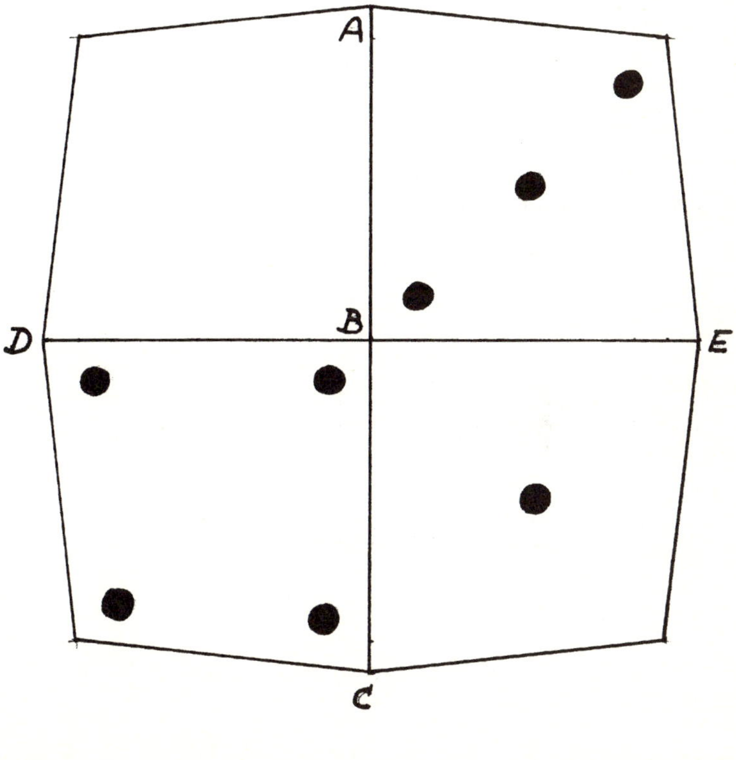

Konzentrationsübungen

Schau dir das Straßenfoto mit Bäumen auf S. 120/121 an.

Stell dir vor, du sitzt in deinem Lieblingsauto und saust diese Straße entlang, schnell und immer schneller.

Schau dir das Foto auf Seite 122/123 an, alles wird schemenhaft und verschwindet, die entgegenkommenden Autos nimmst du nur noch als Lichtpunkte wahr. Schließe jetzt die Augen, und setze oder lege dich langsam bequem hin. Ihr macht eine rasante Autofahrt in der Dämmerung, die Bäume werden erst zu Gespenstern und lösen sich dann genauso auf.

Die entgegenkommenden und hinter dir fahrenden Autos siehst du nur als Lichtpunkte, die auf dich zukommen bzw. sich von dir entfernen.

Jetzt steigerst du das Tempo – vielleicht umfaßt du das Lenkrad mit den Händen und steuerst so das Auto, mit den Füßen trittst du aufs Gaspedal.

Die Fahrt ist rasend schnell – alles verschwindet, und plötzlich stehst du vor einem großen, hellen, fast grellen Licht. Es ist ganz hell und klar in deinem Kopf.

Übung Nr. 52 Foto-Phantasie I

Schau dir das Foto auf S. 124/125 lange und intensiv an.

Erkennst du etwas? Das ist ein Baum – oder? – ist es wirklich ein Baum? Können sich die Zweige in andere Wesen verwandeln?

Übung Nr. 53 Foto-Phantasie II

Schau dir das Pflanzenfoto auf S. 126/127 an.

Stell dir vor, du würdest zu einer dieser Pflanzen. Versetz dich ganz in diese Pflanze, werde zu dieser Pflanze.

Spüre, wie der Wind dich biegt, die Sonne dich bescheint, der Regen dich naß macht und der Wind dich dann trocknet. Spürst du den Wind ganz deutlich, wie er dich nach rechts und dann nach links biegt? Du bist leicht und frei, und der Wind ist dein Freund.

Übung Nr. 54 Foto-Phantasien III

Schau dir das Strandfoto auf S. 128/129 an.

1. Stell dir vor, du liegst hier und schaust in den Himmel. Was siehst du? Was erlebst du? Was fühlst du?
2. Schau dir das Foto auf S. 130/131 an.

   Fang an, die Pfähle der vorderen Zaunreihe zu zählen. Immer weiter, immer weiter, bis an den Horizont und zurück.

Du sitzt in deinem Lieblingsauto und fährst diese Straße entlang, schnell und immer schneller …

… alles wird schemenhaft und verschwindet …

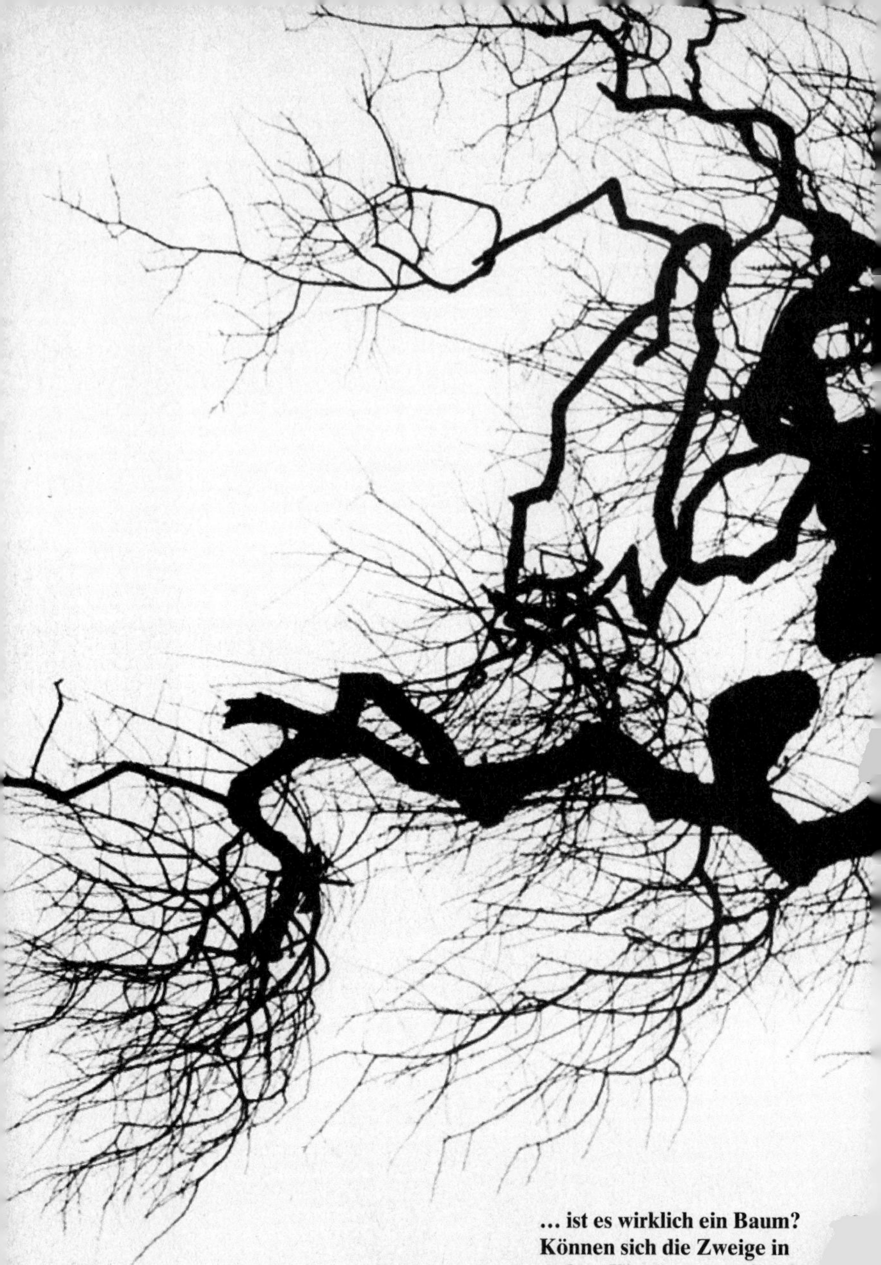

… ist es wirklich ein Baum?
Können sich die Zweige in
andere Wesen verwandeln?

Spüre, wie der Wind dich biegt, die Sonne dich bescheint …

Was siehst du? Was erlebst du? Was fühlst du?

Pfähle zählen – bis an den Horizont und zurück …

Großer Kreis: Alles, was dir jetzt aus deinem Leben einfällt …

Mittlerer Kreis: Vieles purzelt heraus …

Übung Nr. 55 Taschenlampenübung

Stell dir vor, du wirfst mit einer großen Taschenlampe einen großen Lichtpunkt an die Wand.

Schau dir diesen hellen Kreis an.

In diesem Kreis bringst du all das aus deinem Leben unter, was dir spontan **jetzt** einfällt. Es gibt in deinem Leben viele Personen und Dinge, die für dich wichtig sind. Du hast kleinere oder auch größere Probleme.

Jetzt verkleinerst du den großen kreisrunden, mit deinen Vorstellungen angefüllten Lichtschein der Taschenlampe und ebenso deine Aufmerksamkeit. Viele von den Dingen, mit denen du den großen Lichtkreis ausgefüllt hast, purzeln heraus, weil sie jetzt im Moment nicht ganz so wichtig sind.

Deine Aufmerksamkeit fließt zu einem wichtigen Punkt. Du siehst diesen Punkt deutlich vor dir. Er ist in dem kreisrunden Lichtschein.

Das Problem, die Aufgabe, das Ereignis, das du dir jetzt aussuchst, wird zu einem kleinen Lichtstrahl zwischen deinen Augenbrauen. Schau es dir an!

Ist es der Matheunterricht in der Schule oder der Ärger mit Papa/Mama oder die Wut auf den Freund/die Freundin, der/die sich von dir abgewendet hat, oder ist es die Angst vor dem Versagen, die dir zu schaffen macht?

Du konzentrierst dich ganz auf den hellen Punkt zwischen deinen Augenbrauen. Du siehst die Sache, die du dir ausgesucht hast, zuerst

... zum einen wichtigen Punkt

noch etwas unklar und verschwommen, aber dann immer klarer und deutlicher.

Du atmest tief und langsam in den Bauch und schaust dir die Sache an. Sie wird langsam immer klarer, deutlicher, heller.

Du siehst die Sache immer heller werden. Das Gefühl von Wut, Angst, Ärger oder Enttäuschung, das du im Bauch fühlst, löst sich langsam auf. Die Sache erscheint dir in einem anderen, helleren, golden schimmernden Licht.

Dein Bauch ist ruhig und warm, während du dir die Sache anschaust.

Du nimmst dir vor, nächste Nacht von der Sache zu träumen. Bevor du einschläfst, legst du die Hände auf den Bauch, dort wo dein Nabel ist.

Du spürst, wie dein Bauch sich beim Einatmen hebt und beim Ausatmen senkt.

Du hast die helle, klare, goldene *Sache* zwischen den Augenbrauen. Sie macht dir keine Angst mehr, und du bist ganz ruhig.

Du schläfst ein, und die *Sache* wird zum Traum. Sie wird in diesem Traum ganz klar und löst sich langsam, Stück für Stück, auf.

Jetzt reckst und streckst du dich und weißt, du wirst dich heute abend an die Sache und den Traum erinnern.

Kapitel 9

Das energetische Gehirn

Das Wort Energie ist abgeleitet aus dem griechischen «energeia», was soviel wie «Kraft/Wirkung» bedeutet.

In der Alltagssprache werden damit Schwung, Tat- und Arbeitskraft, Entschlossenheit, Leistungs- und Durchsetzungswille bezeichnet. Allgemein gesagt, die dem Körper innewohnenden Kraftreserven.

In der Physik ist Energie die Fähigkeit eines Körpers oder Systems, Arbeit zu verrichten, und der (scheinbare) Gegensatz ist die Materie. Dann gibt es in der Philosophie, Metaphysik und Esoterik die Lehre, Energie sei das Wesen und die Urkraft aller Dinge.

In fast allen Kulturen gab und gibt es Ideen über eine universale Kraft, die alles durchdringt, alles ist und alles in Bewegung versetzt.

Im folgenden mache ich einen kleinen Exkurs über Vorstellungen anderer Kulturen über die Lebensenergie. Wer mit Esoterik eher Schwierigkeiten hat, kann diesen Abschnitt ruhig überspringen und auf S. 142 weiterlesen.

Die Ägypter nannten die Lebensenergie KA. In China ist die Lehre von der Lebensenergie mit Laotse (6. Jahrhundert v. Chr.) verbunden, der seine Sichtweise in der Lehre vom «Tao» niederlegte. «Tao» ist der Weg und gleichzeitig ein System von Energieprinzipien Ch'i. – Ch'i ist das chinesische Wort für Lebensenergie.

– Ch'i ist in allem. Ch'i hat zwei Aspekte, die sich ergänzen und ineinander übergehen können. Dadurch sind sie mehr als die Summe ihrer beiden Teile.

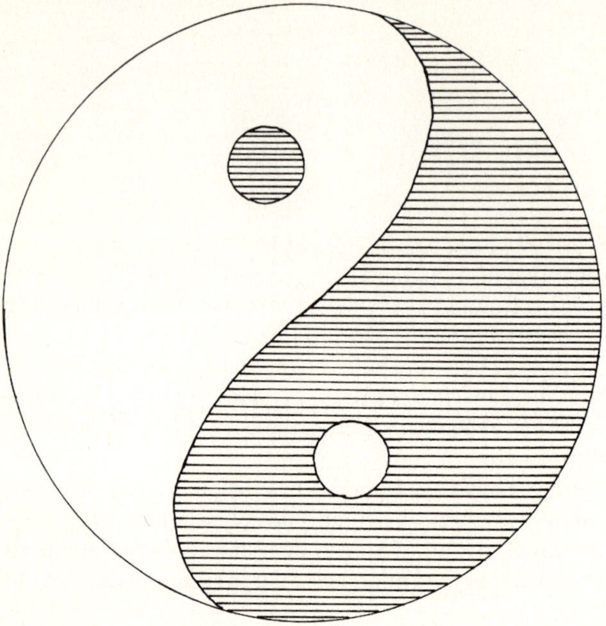

Yin und Yang sind die beiden Seiten einer Ganzheit.

Yin («Die schattige Seite des Hügels») steht für die Energiequalität, die mit weiblich, Mond, Nacht, Kälte, Dunkelheit, negativer Ladung, zum Mittelpunkt strebender Bewegung assoziiert wird.

Yang («Die sonnige Seite des Hügels») steht für die Energiequalität, die mit männlich, Sonne, Tag, Wärme, Licht, positiver Ladung, vom Mittelpunkt wegstrebender Bewegung assoziiert wird.

Bei den Indern heißt die universale Kraft Prana. Prana wird mit der Luft ein- bzw. ausgeatmet. Energiebahnen (Nadis) leiten Prana in alle Körperteile. Auch hier gibt es zwei polare Aspekte der Lebensenergie: Yoni und Linga.

Vereinigung von Yoni und Linga

Gesundheit und Leistungsfähigkeit sind für Inder, Chinesen und Japaner ein Ausdruck der Harmonie von Prana, Ch'i oder Ki (wie die Japaner sagen) – also der Lebensenergie.

Wenn die Lebensenergie ohne Blockaden durch den Körper fließen kann, ist ein Zustand der Harmonie erreicht, der Krankheit fernhält.

Die Schriften Galens, des 129 n. Chr. in Pergamon geborenen Arztes – Leibarzt des Kaisers Mark Aurel –, blieben mit denen des Hippokrates bis weit in das Mittelalter hinein maßgebend. Galen beschrieb mit «Physis» eine Lebenskraft, die alles Lebendige durchdringt und mit ihren beiden Aspekten des Anziehens und Abstoßens für die Harmonie im Körper – und damit für die Gesundheit – verantwortlich ist. Physis ist die Lebensenergie, die sich durch den Körper materialisiert und manifestiert. «Pneuma» ist eine Art Lebenshauch, der sich – ebenso wie Ch'i – im ganzen Körper verteilt und ihn durchflutet.

Paracelsus konzipierte eine das ganze Universum durchströmende Kraft namens «Munia».

Er sah die sogenannte Aura des Menschen, die über die grobstofflich-körperliche Ebene hinausstrahlt. Gesundheit ist auch für Paracelsus Ausdruck einer Harmonie zwischen Mikro- und Makrokosmos.

Ein nächstes Kapitel in der Geschichte der Lebensenergie schrieb der Arzt Samuel Hahnemann (1755–1843), der Begründer der Homöopathie.

Wie die beiden Mediziner Hippokrates und Paracelsus, glaubte auch Hahnemann an ein homöopathisches Prinzip und an eine Lebensenergie. Nur wenn diese Lebenskraft aus dem Gleichgewicht geraten ist, können Viren, Bakterien etc. den Körper krank machen. (Homöopathie heißt: Gleiches [Ähnliches] heilt Gleiches [Ähnliches].)

Im 20. Jahrhundert kam Albert Einstein mit seiner berühmten Gleichung $E = mc^2$ zu der Erkenntnis, daß Materie als eine Erscheinungsform der Energie betrachtet werden kann.

Egal, welchen Standpunkt Sie vertreten, ob Sie mehr dem «schulmedizinischen» oder dem «vitalistischen» anhängen, am eigenen Leib haben Sie sicher schon gespürt, daß Sie manchmal voller Energie und gesund sind, während Sie sich an anderen Tagen ausgebrannt, lustlos, apathisch fühlen.

Energieübungen vitalisieren Körper, Geist und Psyche. Sie stimulieren die Leistungsbereitschaft und -fähigkeit.

Ich möchte Ihnen Energieübungen vorstellen, die Lebensenergie, die Lebenskraft – und damit auch mentale Prozesse – aktivieren.

Mentale Prozesse sind energetische Prozesse. Jeder mentale Gedanke, jedes Gefühl, jede Idee, jeder Wunsch, jedes Verlangen ist ein energetischer Vorgang im Gehirn.

Im Innenohr liegen wichtige mentale Energieorgane. Hör- und Gleichgewichtsübungen (siehe Kapitel 3 und 4) sind auch Energieübungen.

Energieübungen

Übung Nr. 56 Aktivierung der Lebensenergie

Diese Übung können Sie für sich oder zusammen mit Ihrem Kind machen. Sie können sich aber auch hinsetzen, wenn Ihr Kind das mag, und ihm vorlesen, damit es die Übung nachmachen kann.

Sie stehen aufrecht, die Beine sind schulterbreit gespreizt und leicht gebeugt.

Drehen Sie sich leicht nach rechts. Der rechte Arm schlägt locker gegen den Po und der linke Arm auf die rechte Hüfte. Sie drehen sich nach links, der linke Arm schlägt hinten auf den Po und der rechte Arm auf die linke Hüfte.

Machen Sie diese fließende Rechts-links-Bewegung einige Minuten.

Jetzt schlägt Ihr rechter Arm gegen die linke Schulter und Ihr linker Arm gegen die rechte Schulter.

Machen Sie die fließende Rechts-links-Bewegung dabei weiter. Stellen Sie sich gerade hin, beugen Sie langsam den Oberkörper nach vorn, holen mit beiden Händen Energie von der Erde – nach oben, über den Kopf. Der Ringfinger ist dabei gegen die Handinnenflächen gerichtet, während alle anderen Finger gestreckt sind.

Sie strecken die Hände hoch oben über den Kopf und lassen die Hände langsam vor Ihrem Körper heruntergleiten. Der Ringfinger ist dabei stark gebeugt, die anderen Finger nur leicht.

So holen Sie sozusagen Lebensenergie von der Erde zum Himmel und gießen sie dann über sich aus.

Machen Sie diese Übung langsam und konzentriert einige Male.

Übung Nr. 57 «Das Sonnengebet»

Sie stehen aufrecht (s. auch die Zeichnung auf S. 140) mit gestreckten Beinen und geschlossenen Füßen. Die Handflächen liegen aneinander, Sie halten Ihre Hände vor der Brust zusammen.

Suchen Sie sich einen Fixpunkt in Augenhöhe, und achten Sie auf die gute Verteilung Ihres Gleichgewichts.

Einatmen und die Arme über den Kopf nach oben strecken. Und aus der Taille zurückbeugen. Die Hüften herausdrücken. Die Beine sind gerade, und der Hals ist entspannt.

Nun atmen Sie aus und beugen sich nach vorn, die Handflächen liegen auf dem Boden (soweit dies möglich ist), Sie können die Knie etwas beugen.

Wieder einatmen und das rechte Bein nach hinten strecken. Die Handflächen bleiben am Boden. Sie berühren nun mit dem rechten Knie den Boden, das linke Knie zeigt nach vorn.

Legen Sie den Kopf zurück, und schauen Sie nach oben.

Den Atem anhalten und auch das linke Bein nach hinten strecken. Das Gewicht stützen Sie auf Ihre Hände. Zehen, die Fußsohlen sind vom Boden abgehoben. Schauen Sie dabei auf den Boden.

Ausatmen, Knie, Brust und Stirn nach unten senken, die Hüfte anheben, Zehen bleiben geknickt.

Atmen Sie aus, und kommen Sie langsam in die Stehposition zurück. Wieder einatmen und die Arme nach vorn nehmen, dann hoch und nach hinten über den Kopf strecken.

Beugen Sie sich langsam aus der Taille heraus nach hinten. Ausatmen und nach vorn beugen, die Handflächen auf den Boden legen.

Einatmen, das linke Bein nach hinten strecken und mit dem Knie den Boden berühren. Zurückbeugen und nach oben schauen. Atem anhalten und auch das andere Bein zurückstrecken.

Das Gewicht auf Hände und Zehen stützen. Ausatmen, mit den Fußsohlen auf den Boden kommen, Hüfte heben und Fersen und Kopf auf den Boden bringen.

Einatmen, die Hüfte senken, die Zehen nach hinten ausstrecken und den Oberkörper zurückbeugen. Die Beine geschlossen und die Schultern nach unten halten. Nach oben schauen und den Kopf zurücklegen.

Übung Nr. 58 Himmel-Übung

Sie stehen gerade, mit geschlossenen Füßen, Hände vor dem Nabel. Während Sie einatmen, heben Sie die Arme, die Handflächen zeigen nach oben bis über den Kopf, als ob Sie den Himmel halten wollten.

Beim Ausatmen die Arme seitlich senken und die Hände mit den Handflächen nach oben vor den Nabel halten.

Sonnengebet

Übung Nr. 59 Der Fauststoß

Diese Übung ist geeignet zum Abbauen von Wut und Ärger, für Erwachsene wie Kinder gleichermaßen.

Sie stehen, die Beine schulterbreit auseinander, die Knie zeigen leicht nach außen.

Beim Ausatmen stoßen Sie mit den geballten Fäusten – mit jedem Arm abwechselnd – vorwärts – rechts – links und schreien «Ho». Während Sie Fäuste diagonal/schräg stoßen, atmen Sie ein.

Spüren Sie mit geschlossenen Beinen, geschlossenen Augen und herabhängenden Armen den Bewegungen nach.

Übung Nr. 60 Energie-Tankstelle

Hier können Sie sich eine Energie-Tankstelle bauen.

Mit geschlossenen Augen stellen Sie sich vor, wie eine Tankstelle, aus deren Zapfsäulen Energie statt Benzin kommt, aussehen könnte.

Jetzt denken Sie sich zusammen ein Energie-Zauberwort aus – das bleibt ganz geheim, niemand erfährt es. Immer, wenn Sie sich oder Ihr Kind sich müde und abgeschlafft fühlen, fahren Sie zusammen mit Ihren Kopf-Gedanken zu dieser Energie-Tankstelle und sagen das Zauberwort. Dabei umschließen Sie dreimal mit den Fingern Ihre beiden Daumen. Schon nach kurzer Zeit werden Sie fühlen, wie neue Kraft in Ihrem Kopf und Körper entsteht.

Wenn Sie danach noch Zeit und Ruhe haben, legen Sie sich zusammen auf das Bett oder auf den Fußboden mit der richtigen Portion Bücher unter dem Kopf und erleben noch mal mental – also nur im Kopf –, wie das Toben und Schreien war. Und dabei tief in den Bauch hinein atmen. Durch die Nase einatmen und durch den Mund ausatmen.

Diese Übung kann jedesmal wiederholt werden, wenn sich Wut oder Ärger melden.

Kapitel 10

Das kreative Gehirn

Kreativität ist ein schöpferischer Prozeß, bei dem im Kopf etwas Einfallsreich-Phantasievolles erschaffen wird.

Dieses «Produkt» kann als Vorstellung, Bild, Formel, Idee, Sprache im Gehirn bleiben. Oder es findet seinen Ausdruck auf dem Papier als Text oder in Form eines Bildes, in der Konstruktion einer Maschine oder in der Ausarbeitung einer Rede, um nur einige Beispiele zu nennen.

Kreativität ist anders als logisches, sprachliches Denken. Intuition gehört zur Kreativität ebenso wie Visualisierungsvermögen und das Überschreiten der rational-vernünftigen Barriere, die uns glauben machen will, daß unsere kreativen Gedanken vielleicht «spinnerte» Ideen seien und sowieso alle Welt über uns lachen könnte.

Kreativität sprengt Gedankengrenzen.

Der Chemiker Friedrich August Kekule von Stradonitz hat uns ein besonders schönes Beispiel vom Funktionieren der Kreativität geliefert. Er, der nüchterne Naturwissenschaftler, war auf der Suche nach der Formel für die Struktur von Benzol. Alles logische, wissenschaftlich-analytische Erwägen und Nachdenken war seit Monaten immer wieder fruchtlos gewesen. Und dann – eines Nachts – kam ihm die Lösung im **Traum**.

Sein kreativ-intuitiver Traum von einer Schlange, die sich am Boden wälzt, nach ihrem Schwanz schnappt und dann als Rad durch die Luft wirbelt, brachte ihm die Lösung:

Kekule verband die Atome und Moleküle zu einem Kreis, und damit war die Ring-Struktur des Benzols erkannt.

Und in den Memoiren des Vaters der Kybernetik, Norbert Wiener, heißt es: «Ich lernte das Einmaleins nicht besonders schnell, wie ich mir überhaupt nichts rasch aneignete, was man rein mechanisch lernen mußte. Die Verweisung des schwierigen und eigentlich verstandesmäßigen Teils meiner Arbeit auf eine Ebene unterhalb des Wachbewußtseins vollzieht sich bei mir noch heute. Ich weiß nicht restlos, wie mir neue Ideen kommen oder wie ich die scheinbaren Widersprüche zwischen Ideen löse, die ich bereits im Kopfe habe. Meine Ideen sind nicht meine Diener, sondern meine Herren, und wenn sie sich plötzlich in einem brauchbaren, verständlichen Schema ordnen, geschieht das auf einer so niedrigen Bewußtseinsstufe, daß mir vieles davon im Schlaf kommt.»

Nachdem wir schon einiges über linkshirniges und rechtshirniges Denken wissen, können wir Kekules Schwierigkeiten verstehen, die

Formel zu finden. Er nutzte zunächst nur die Kapazität seiner linken, analysierenden und damit eben in gewisser Weise auch beschränkten und dummen Hirnhälfte. Erst als sich im Traum die rechte Hirnhälfte mit ihrem Bilderdenken meldete, konnte Kekule die Lösung finden.

Und in den Erinnerungen von Wiener wird deutlich, daß er sich offenbar seiner rechten Hirnhälfte nicht so recht bewußt zu bedienen weiß, diese drängelt sich sozusagen immer von selbst in die Denkprozesse des Naturwissenschaftlers und macht so aus diesem ein Genie.

Sie werden jetzt fragen: «Ist es trainierbar, dieses kreative Gehirn der kleinen und großen Genies, das im Kopf Bilder erschafft, die über den Informations- und Erlebnisgehalt von Sprache und Denken hinaus gelten?»

Ja, und zwar primär mit folgenden Übungsmethoden, die alle drei der besseren Verständigung von linker und rechter Hirnhälfte dienen:

- Training der Kooperation von rechter und linker Gehirnhälfte, der interhemisphärischen Integration (s. Kapitel 8, S. 106–109)
- Gehirnsynchronisation (s. Kapitel «Das hörende Gehirn», S. 67) sowie – das Bilder-Machen.

Übung Nr. 61 Bilder-Machen

Das Bilder-Machen ist eine Methode, welche gewisse Ähnlichkeiten mit dem «Mind-Mapping» aufweist, welches ich auf S. 17 beschrieben habe.

Wieviel PS hat Ihr Auto? Welchen Intelligenzquotienten (IQ) hat Ihr Kind?

Wie geht es Ihnen? Gut, schlecht oder mittelprächtig?

Die ersten beiden Fragen werden Sie wahrscheinlich in Zahlen beantworten, die dritte und letzte mit einem Wort.

Diese Form der Informationsbearbeitung wird Digitalverarbeitung genannt. Sie setzt die Kenntnis eines Codes voraus, zum Beispiel die Zahl 112 (IQ) oder das Wort «gut». In einer Ihnen fremden Sprache würden sie das Wort «gut» nicht verstehen, und die Abkürzung «IQ» würde Ihnen auch nicht viel sagen.

Digital sind zum Beispiel:

Zahlen: VI (römische Zahl); 6 (arabische Zahl)

Sprachen
Noten
Uhrzeit: 7.05
Die bildhafte, abbildende Information wird auch analoge Information, dann sieht 7.05 so aus:

BLISS-Symbole (BLISS-Symbole sind ein graphisches Kommunikationssystem für Behinderte)

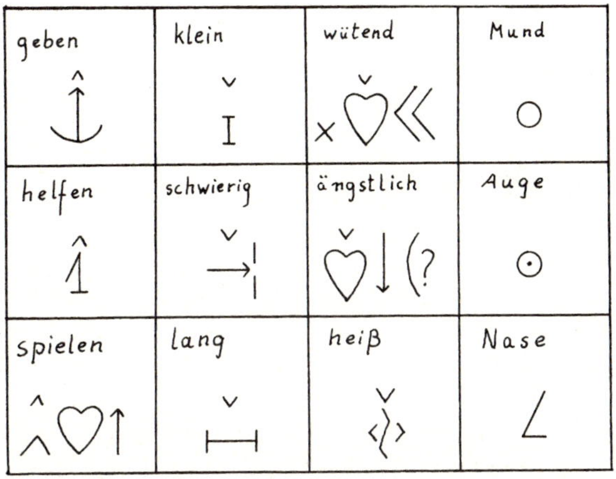

Sprache: Baum

Die Hochrechnungen am Anfang einer Wahlnacht werden zunehmend mehr **digital** und dann auch analog dargestellt.

CDU	42 Prozent
SPD	38 Prozent
FDP	5 Prozent
Sonstige	5 Prozent

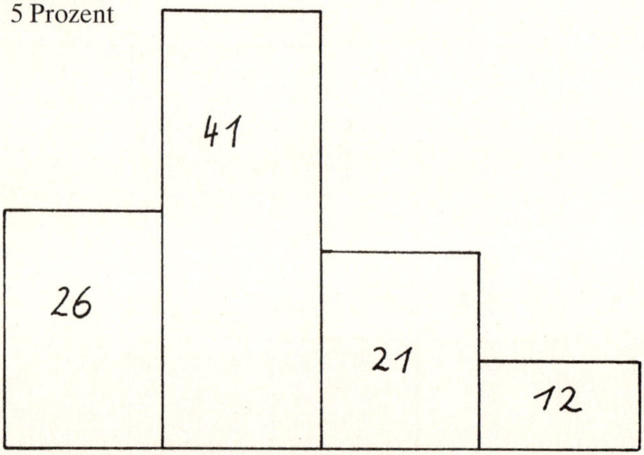

Analoge Darstellung eines Wahlergebnisses

Was passiert in der Schule? Der Lernstoff wird zu 80 bis 90 Prozent digital vermittelt.

Im **Deutschunterricht** sind ein Text zu lesen oder ein Diktat zu schreiben.

Im **Matheunterricht** wird das Einmaleins auswendig gelernt, oder der Dreisatz wird gepaukt.

Im **Geschichtsunterricht** wird Ihrem Kind vielleicht die Französische Revolution nahegebracht (über Zahlen und Geschichtsfakten, versteht sich).

Und im **Geographieunterricht** heißt es mit Blick auf den Globus oder die Landkarte: Der Kontinent «Amerika» (nach Amerigo Vespucia) besteht aus den Teilen Nord- und Südamerika, die zwischen dem Atlantischen und Stillen Ozean liegen. Amerika erstreckt sich vom äußersten Norden, dem Kap Murchison auf der Halbinsel Boothia in 72° nördl. Breite, bis zum äußersten Süden, dem Kap Froward in Patagonien in fast 54° südl. Breite, über 14 500 km mit einer Fläche von 42,3 Mill. qkm. Das ist eine Vermittlung von digitalen Daten.

Das alles ist abstrakt und weit weg vom Alltagsleben und den realen Erfahrungen. Eine Reise durch Amerika zu machen wäre die bildhafteste Form, die Sie sich und Ihrem Kind gönnen könnten.

Mit diesen digitalen Informationen wird nur die linke Hirnhälfte gefordert, die rechte ist aus dem Spiel.

Wie lernt Ihr Kind trockene Daten über Amerika am besten für die nächste Klassenarbeit?

Bildhaft und analog natürlich! Die rechte Hirnhälfte muß dabeisein und mitmachen.

Das geht dann zum Beispiel so:

- Es schaut intensiv auf den Globus oder in den Atlas.
- Es schließt die Augen, das Bild von Amerika entsteht in seinem Kopf.
- Das Bild verfestigt sich.
- Das Bild wird reproduzierbar.

Ihr Kind malt die Umrisse von Amerika auf ein Blatt Papier:

Ganz oben ist Boothia. Was fällt einem zu Boothia ein? Da erscheint ein Boot.

Das Kind formt mit seinen Lippen das «th», und dann kommt noch was, nämlich «ia» (wir fahren Boot mit Maria).

Unten kommen zwei Pater und zwei Begonien als Gedächtnisstütze für Pata-gonien usw.

So wird alles in Bilder umgesetzt, die rechte Hirnhälfte ist beteiligt, und sie dankt es durch Unvergeßlichkeit.

Noch ein Beispiel. Aus einem Artikel über die inneren Organe: «Lunge, das aus zwei völlig getrennten Organen, dem rechten und dem linken Lungenflügel bestehende Atmungsorgan des Menschen». Flügel ist unser analoges Stichwort.

Könnt ihr euch besser einen Vogel-Flügel oder einen Klavier-Flügel vorstellen?

Jedenfalls sind es zwei getrennte Flügel, und diese sind wichtig für das Atmen.

Was ist die Atmung? «Durch die Atmung wird der lebenswichtige Sauerstoff aus der Luft dem Körper zugeführt und das Kohlendioxyd ausgeschieden. Atmen bedeutet Austausch von Gasen.» – «S» die Schlange ist sauer und richtet sich auf und vertreibt die Kohle aus dem Gas-Herd.

Und dann haben wir die Leber, da, rechts mitten in unserem Bauch.

«Die Leber ist die größte Drüse des menschlichen Körpers und hat verschiedene Funktionen:

- für die Verdauung,
- für den Blutkreislauf,
- für den Stoffwechsel.

Die Leber ist das Entgiftungsorgan im Körper des Menschen.»

«Der Magen ist ein Beutel, ungefähr 25 cm lang und liegt in der linken

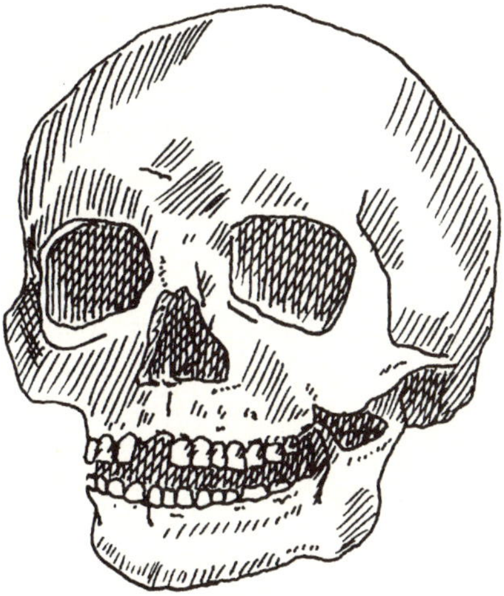

Bauchhälfte. Er sieht aus wie ein Würstchen und kann sich aufblähen wie ein Luftballon, wenn du gegessen hast.»
Der Magen verwandelt die Nahrung in einen dünnen, glatten Brei. Die Speisen im Magen werden durch zwei Schließmuskeln am Mageneingang und Magenausgang verschlossen. Diese Muskeln sehen aus wie ein breites, kurzes Gummiband.

Kapitel 11

Gehirnsynchronisation

Im Kapitel 8 («Die beiden Hirnhälften arbeiten zusammen», S. 106) ging es um die «Interhemisphärische Integration), also um das Training des Balkens, der die beiden Hirnhälften verbindet, so daß die Zusammenarbeit der beiden Hemisphären besser vonstatten gehen kann.

Hier geht es um die Synchronisation, also Angleichung der Hirnwellen aneinander. Die Produktivität des Gehirns kann durch eine Synchronisation der Hirnwellenmuster beider Hemisphären, besonders hinsichtlich des kreativen «Denkens», des Erkennens von Zusammenhängen, des Erschauens von Ganzheitlichem, des Aufhebens von scheinbar Widersprüchlichem auf einer höheren Ebene, wesentlich gesteigert werden.

Wenn durch geeignetes Mentales Training beide Hirnhälften synchron miteinander schwingen, setzt intensiv eine kreative Phase ein. Neben technischen Geräten zur Stimulierung gibt es auch andere – nicht-maschinelle – Möglichkeiten der Initiierung von Gehirnsynchronisation, die sich speziell bei Kindern und Jugendlichen anbieten, deren Hirnanatomie und Hirnphysiologie noch unausgereifter sind als bei Erwachsenen.

Es gibt verschiedene Trainingsmethoden, unter anderem audiovisuelle Gehirntrainingsgeräte oder die «Hemisynchronisation», die im Kapitel «Das hörende Gehirn» (S. 66) vorgestellt wird.

Bei dem Mentalen Training ohne Maschine greifen wir vor allem auf die Physiologie der Gehirnwellen zurück, die 1924 von dem deutschen Arzt Hans Berger entdeckt wurde.

Die elektromagnetischen Wellen des Gehirns sind sich selbst organisierende Prozesse, die durch äußere Bedingungen beeinflußt werden.

Oftmals sind es nur minimale Einflüsse, die ein «chaotisches» in ein «geordnetes» System verwandeln, wobei das Chaos sehr wichtig ist: Nur aus ihm kann eine höhere Ordnung entstehen.

Wie in Kapitel 1 dargelegt, «entsprechen» die schneller schwingenden Betawellen den verschiedenen Tätigkeiten der linken Hirnhemisphäre. Sie machen die logisch-analytische Verarbeitung von Daten und Fakten möglich.

Alpha- und Thetawellen hingegen begünstigen Gehirnsynchronisationen, das heißt, sie sind die Voraussetzungen dafür, daß beide Hirnhälften zusammenarbeiten. Dies soll durch die folgenden Übungen erreicht werden.

Ein im Beta-Zustand befindliches Gehirn hat Schwierigkeiten mit kreativ-schöpferisch-ganzheitlichen Vorgängen. Ein Gehirn im Alpha-Zustand hat Schwierigkeiten mit logisch-analytischem Denken. Aber zusammen sind sie unschlagbar.

Wenn sich das kognitive Leistungsvermögen (Betawellen) mit dem schöpferischen Potential (Alphawellen) verbindet, sind herausragende Leistungen kein Zufall mehr. «Aha»-Erlebnisse sind oftmals Ergebnisse einer optimalen Hirnsynchronisation.

Der anzustrebende Alpha-Zustand erleichtert kognitives Faktenlernen ebenso wie intuitiv-schöpferisches «Denken».

Wie erreichen wir Alphawellen-Bewußtsein?

Durch die wissenschaftliche Forschung an meditierenden Menschen wissen wir heute, daß das Gehirn dann besonders kreativ arbeitet, wenn beide Hirnhälften Gehirnwellen derselben Frequenz erzeugen; dann ist die doppelseitig produzierte Wellenform doppelt so hoch (sichtbar auf dem EEG) wie die einseitige, und wir können sagen, daß die Energie sich verdoppelt.

Jeder Mensch sollte beide Hemisphären aktualisieren können und so zu einem mentalen «Synchroner» werden, der die volle Leistungskraft des Gehirns kreativ-kognitiv einsetzen kann.

Gehirnsynchronisation hebt die mentalen Funktionen auf ein hohes Niveau an.

Es gibt eine Maschine, die hierbei Hilfestellung leisten kann. Es handelt sich um den CAP-Scan. Dieses Gerät mißt den Grad der Synchronisation der Hirnwellen beider Seiten und macht das auf einem Monitor sichtbar.

Durch diese «Rückmeldung» wird der Benutzer bezüglich seiner Hirnsynchronisation sensibilisiert. Man kann die willentliche Beeinflussung dieses Zustands lernen und seinen Lernfortschritt messen. Das gibt die Möglichkeit, auch im Alltagsleben gezielte mentale Synchronisationszustände zu erreichen.

Mehr dazu geschrieben haben Hutchinson und Holler (s. Literaturverzeichnis im Anhang).

Ein ganz besonders kindgerechter Weg zum «Anzapfen» der rechten Hirnhemisphäre und zur Verbesserung der Synchronarbeit beider Hemisphären sind Mal- und Zeichenübungen. Die Basis des Malens ist das Sehen.

Zur Erinnerung: Die linke Hemisphäre ist analytisch-logisch-rational, verbal, symbolisch, zeitlich und digital «orientiert», die rechte Hemisphäre synthetisch-träumerisch-intuitiv, musikalisch, bildhaft, ganzheitlich und analog. Wir wissen, daß die mentale Leistungsfähigkeit des Gehirns dann besonders hoch ist, wenn beide Hemisphären an den Wahrnehmungs- und Denkprozessen gleichberechtigt beteiligt sind.

Ich arbeite mit den Kindern ohne technische Geräte, mir stehen für die Arbeit folgende Möglichkeiten zur Verfügung:

- Interhemisphärische Synchronisation (s. S. 106),
- Hemi-Synch (s. S. 69),
- Atemübungen (s. S. 181),
- «Alpha-Männchen» (s. S. 153),
- «Brabbeln und Brummen» (s. S. 154),
- «10 kleine Hirnchen die wandern durchs Gehirn» (s. S. 156)

und außerdem noch folgende Übungen.

Übung Nr. 62 «Klingelingeling»

Spielen Sie dem Kind ausgewählte Musikstücke vor (s. S. 49), und schlagen Sie dazu den Takt. Sie sitzen im Schneider-, Fersen- oder Lotussitz in einem abgedunkelten Raum und zählen jeden Schlag.
1 – 2 – 3 – 4 ...

Sie zählen und schlagen bis 60 und fangen dann wieder von vorn an.

Für kleinere Kinder sollten sie variieren, zum Beispiel nur bis zehn zählen.

Bewegen Sie beim Zählen und Schlagen den Körper leicht mit, Oberkörper und Kopf gehen nach vorn und hinten.

Sie sollten ganz bei der Sache, ganz konzentriert dabeisein.

Übung Nr. 63 «Alpha-Männchen/Alpha-Frauchen»

Am besten lesen Sie die folgende Geschichte Ihrem Kind bzw. Ihren Kindern vor.

Kennt ihr schon das irrwitzige Alpha-Männchen? Nein?! Dann kennt ihr auch sicher nicht das phänomenale Alpha-Frauchen, schade!

Beide sind sehr bemerkenswerte Wesen.

Sie leben übrigens in deinem Kopf, ja, sie sind ein Teil von dir. In deinem Kopf ist nichts, was da nicht reingehört oder was du dort nicht haben möchtest.

Wenn du dich ganz toll konzentrierst, wirst du sie entdecken:

Alpha-Männchen und Alpha-Frauchen.

Sie sind der witzige, bunte, lustige und einfallsreiche Teil von dir, und wenn dir was besonders Tolles, Verrücktes, Phantasievolles einfällt, dann sind Alpha-Männchen und Alpha- Frauchen gerade ganz besonders wach und aktiv.

Sie machen dann gerade Purzelbäume oder schlagen Rad oder machen sich gerade ihre allerliebste Kinder-Lieblingssendung, weil es die im richtigen Fernsehen so selten gibt.

Alpha-Frauchen und Alpha-Männchen sehen abenteuerlich aus.

Meine Alpha-Frau liebt schimmernde Farben, bei ihrem T-Shirt zum Beispiel kann ich gar nicht sagen, welche Farbe es hat, alle verlaufen ineinander und schimmern miteinander um die Wette.

Alpha-Frauchen ist ständig in Bewegung, sie saust von meiner rechten Hirnecke, da, hinter dem rechten Ohr, zur linken Hirnecke, hinter dem linken Ohr. Sie saust elegant wie ein Sausewind und schnell wie ein Blitz und ist dabei gar nicht hektisch, nein, sie ist einfach immer gut gelaunt und irrsinnig schnell.

Alpha-Männchen ist ihr sehr ähnlich, auch er versucht der Hirnecke hinter dem dreimillionsten Haar, stirnwärts links, die Gedanken der Hirnzelle fünf Fingerbreit seitlich der rechten Hirnzelle, von der Schläfe aus gemessen, zu übermitteln, und weil er so gute Ideen hat, ist das, was er von links nach rechts und umgekehrt an Einfällen transportiert, hinterher viel mehr und viel witziger als das, was Hirnzelle links und Hirnzelle rechts zu berichten wußten.

Aber wie sehen denn Alpha-Frauchen und Alpha-Männchen in dir aus?

Schließe deine Augen und stell sie dir vor.

Na, siehst du sie ganz deutlich in deinem Kopf?

Stell dir nun vor, wie die beiden jeweils von einer anderen Ecke aus eine gemeinsame Reise durch dein Gehirn machen.

Also: Alpha-Männchen sitzt rechts hinter deinem rechten Ohr in deinem Kopf, und Alpha-Frauchen sitzt links hinter deinem linken Ohr in deinem Kopf, und die Alpha-Frauchen reisen nach rechts, die Alpha-Männchen reisen nach links. Sie reisen in ganz angenehmen Wellen, auf und ab und auf und ab. In der Mitte treffen sie sich.

Stelle dir diese Bewegungen – ganz langsam – genau vor! Es geht, wie bei einer Berg-und-Tal-Fahrt, rauf und runter.

Alles verläuft sehr harmonisch. Und jetzt spürst du es genau. In der Mitte deines Kopfes treffen sich Alpha-Frauchen und Alpha-Männchen.

Sie reisen gemeinsam weiter durch dein Gehirn und sind doppelt so stark – über hohe Berge, höher als der Mount Everest. Von den Bergen geht es hinunter ins Tal, in einen tiefen See.

Nun steigen sie wieder hinauf in die Luft und erreichen die Spitze des höchsten Berges.

Überlege dir einmal, was die beiden auf ihren unendlich langen Reisen alles erleben. Abenteuer über Abenteuer, eine verrückte Sache nach der anderen. Überlege dabei auch, was

- vernünftig und realistisch und
- spaßig, phantasievoll und verrückt ist,
- eigentlich gar nicht sein kann, aber trotzdem in deinem Kopf so ist.

Vielleicht ist es doch so, daß kleine grüne Männchen vom IC 1805 kommen, die wiederum nicht verstehen können, daß wir nicht fliegen und Gedanken lesen können. Es könnte ja auch das große ultraviolette Fräulein vom NY aus der Nähe des galaktischen Äquators kommen, sie hat Röntgenaugen und kann dich daher so wie auf dem Foto auf S. 155 sehen, nämlich mit allen deinen Knochen.

Konzentriere dich auf dein Alpha-Männchen und dein Alpha-Frauchen, und mache mit ihnen Berg-und-Tal-Reisen durch dein Gehirn.

Übung Nr. 64 Brabbeln und brummen

Du sitzt in einem ruhigen Raum und machst eine Entspannungsübung von Seite 79. Dann setzt du dich in den Schneider-, Fersen- oder Lotussitz und fängst an zu «brabbeln» und zu «brummen».

Du machst Laute und Silben, die dir ganz spontan einfallen. Mir fällt

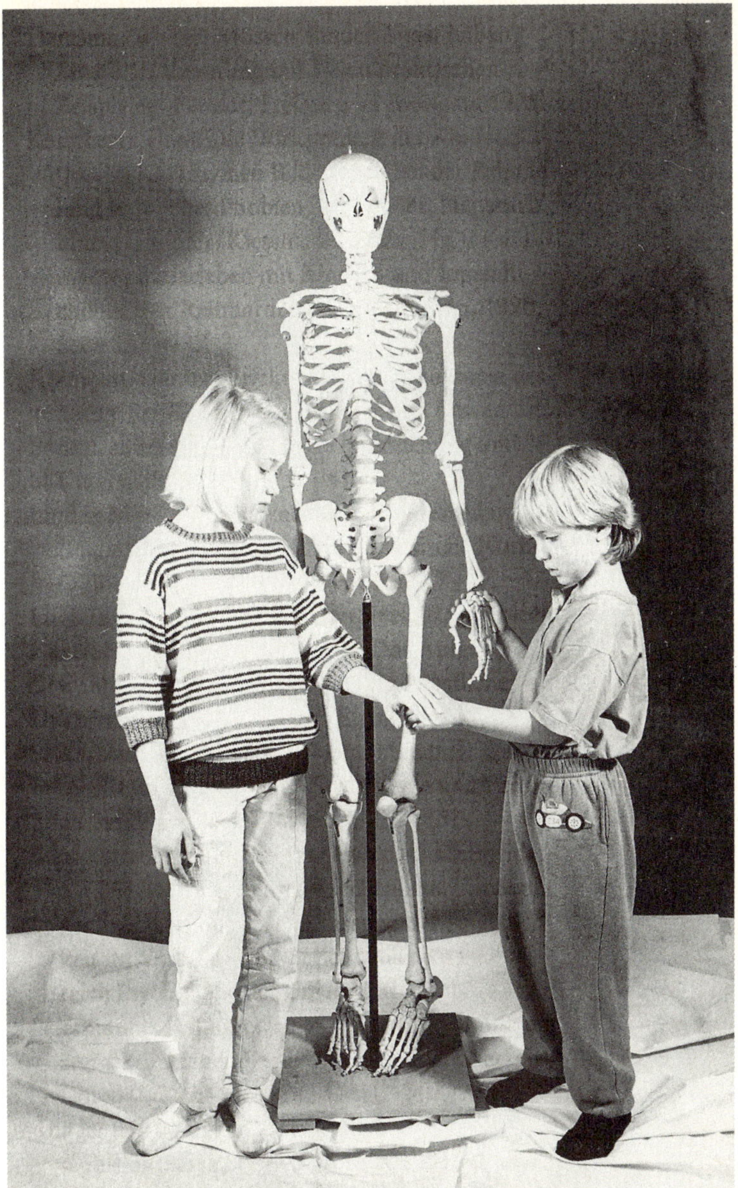

zum Beispiel gerade ein, daß ich den Mund größer und kleiner und wieder größer und kleiner machen könnte.

Dabei sage ich «Umummummmm u m m m m m u m m».

Spiele einfach mit «Mundgeräuschen», und achte auf sonst gar nichts, nur auf dein Gebrabbel und Gebrumme. Du spürst dieses Brabbeln und Brummen im ganzen Körper, besonders aber im Kopf.

Brabbele und brummele, und probiere alles mögliche durch.

Wenn du ein besonders schönes Brummgeräusch gefunden hast, schließe den Mund, und laß dieses Brummgeräusch durch den ganzen Kopf dröhnen und vibrieren.

Übung Nr. 65 «Zehn kleine Hirnchen»

Die Melodie ist allseits bekannt. Die «Zehn kleinen Hirnchen» wollen gesungen werden.

Zehn kleine Hirnchen, die fließen durchs Gehirn,
das zehnte ging Konfetti streun, da waren's nur noch neun.
Neun kleine Hirnchen, die fließen durchs Gehirn,
das neunte auf die Hypophyse kracht, da waren's nur noch acht!
Acht kleine Hirnchen, die fließen durchs Gehirn,
das achte wollte NGC 618* lieben, da waren's nur noch sieben.
Sieben kleine Hirnchen, die fließen durchs Gehirn,
das siebte traf dabei 'ne Echs**, da waren's nur noch sechs.
Sechs kleine Hirnchen, die fließen durchs Gehirn,
das sechste trug zu kleine Strümpf, da waren's nur noch fünf.
Fünf kleine Hirnchen, die fließen durchs Gehirn,
das fünfte sagt «das All ist mir!», da waren's nur noch vier.
Vier kleine Hirnchen, die fließen durchs Gehirn,
das vierte aß bestrahltes Ei, da waren's nur noch drei.
Drei kleine Hirnchen, die fließen durchs Gehirn,
das dritte sagte «Mei o mei»***,
da waren's nur noch zwei.
Zwei kleine Hirnchen, die fließen durchs Gehirn,
das zweite sagt «das wolln wir doch mal sehn», da waren's wieder zehn.

* NGC 618 ist das 618. Hirnchen der intergalaktischen Gaswolke NGC.
** Echse = Kriechtier
*** «Mei o mei» heißt in der Hirnchen-Geheimsprache «hier wird es mir langsam zu langweilig».

So, da wären sie wieder, deine zehn Hirnchen, aber du hast ja eigentlich viel mehr als zehn. Doch alle sind sie zu Zehnern gebündelt.

Fange im Kopf an zu zählen: 1–2–3–4–5–6–7–8–9–10; 1–2–3–4–5–6–7–8–9–10; 1–2–3–4–5–6–7–8–9–10; 1–2–3–4–5–6... usw. usw., bis du an nichts anderes mehr denkst als nur an 1–2–3–4–5–6–7–8–9–10. Wenn deine Gedanken abschweifen wollen, hole sie zurück zu deinen Hirnchen, denn deine Hirnchen sind deine Gedanken.

Malübungen

Übung Nr. 66 Das Spiel mit dem «L»

Fangen wir mit einer Bild-Vorstellungs-Übung an:

1. Auf der Zeichnung unten siehst du ein «L».

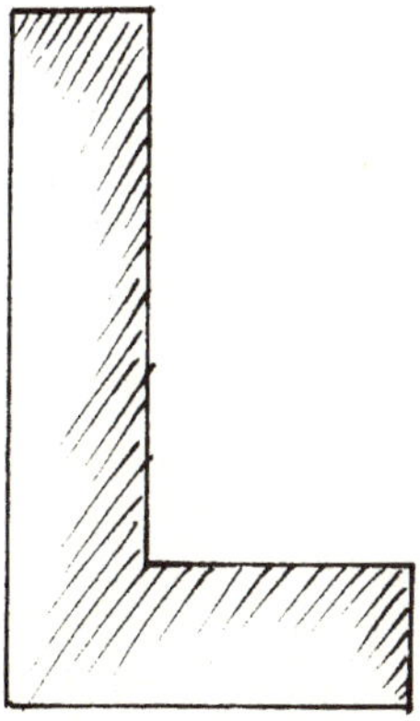

Dick und groß ist es, klar und aussagefähig, massiv aus zwei Linien bestehend – eine senkrecht, die andere waagerecht.

Schließe die Augen und versuche, das «L» deutlich vor dir zu sehen. Lege beide Hände auf die linke Kopfseite, und spüre das gerade und klare «L». Das «L» wird langsam zu einem Haus (s. die Zeichnung auf S. 158).

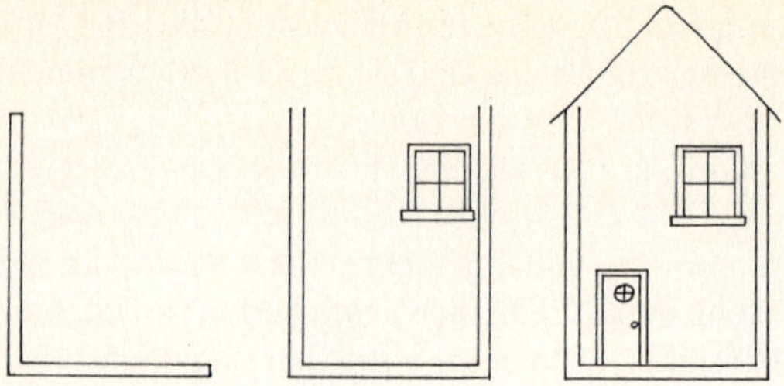

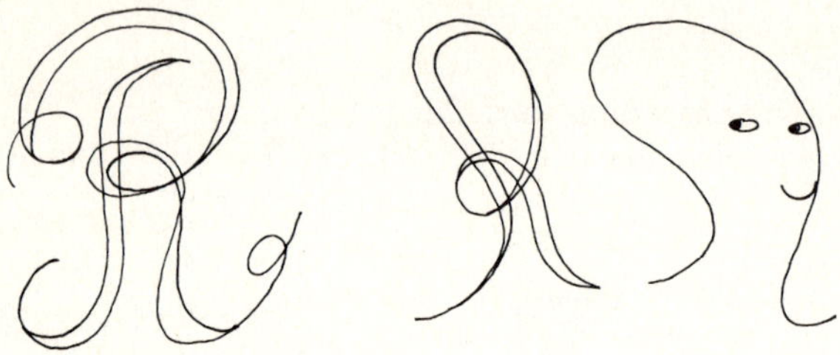

Es gibt noch viele andere Möglichkeiten. Jetzt wird es zu einer 7 (sieben) – es fehlt noch der kleine Strich 7, so ist es gut. Aus der 7 wird eine Rechenaufgabe: 7 + 7 = 14.

Übung Nr. 67 Spielen mit dem «R»

Schaue dir das «R» an, das du hier findest.

Es ist kunstvoll geschwungen.

Schließe die Augen, lege die Hände auf die rechte «Hirnhälfte», und fange an, dir vorzustellen, was aus dem «R» alles werden kann.

Siehst du schon die Schlange Ka aus dem Dschungelbuch, wie sie sich am Baum hochwindet?

Langsam entwirrt sich das «R» – so wie ein Wollknäuel – und wird zu einem Kreis oder zu einem phantastischen Gebilde, das offensichtlich gerade aus den Weiten des Universums zu uns gekommen ist und für das wir keinen Namen haben.

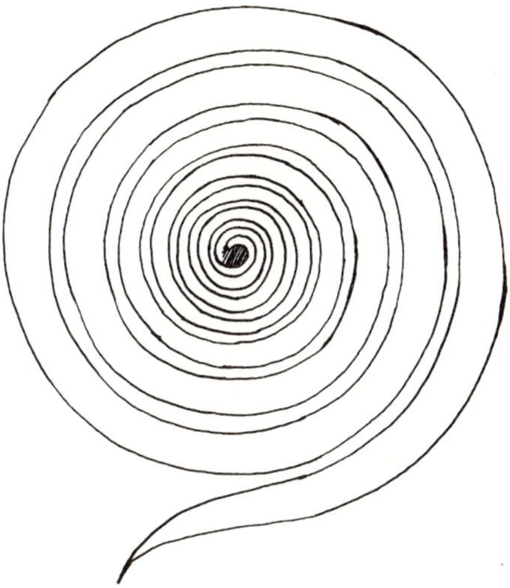

Du siehst, was dem Gebilde so alles passiert ...

Wenn dir die Bilder ausgehen, nimm die Hände vom Kopf, und öffne langsam die Augen.

Übung Nr. 68 Vasen-Nasen-Übung

Für diese Übung sollten Sie die Zeichnung auf Seite 160 fotokopieren und dann vergrößern. Geben Sie sie Ihrem Kind. Und weisen Sie es nach dem folgenden Text ein.

Schau dir das Foto auf S. 160/161 und die Zeichnung genau an.

Sieh dir das Bild so an, daß du zwei Menschen im Profil erkennst. Profil heißt, einen Menschen von der Seite zu sehen.

Kannst du die Profile sehen? Auf diesem Bild sind aber nicht nur zwei Profile, es ist noch eine Vase darauf. Versuche nun, dir das Bild so anzusehen, daß du die Vase wahrnimmst.

Wenn du mit deinen Augen die Linien verfolgst, siehst du die Vase. Wenn du dir die Vase als einen leeren Raum, als einen Zwischenraum, vorstellst, siehst du zwei Profile.

Einmal ist die Mitte des Bildes wichtiger, dann der Hintergrund, einmal das Helle, dann das Dunkle. Laß deine Augen kippen, das macht Spaß.

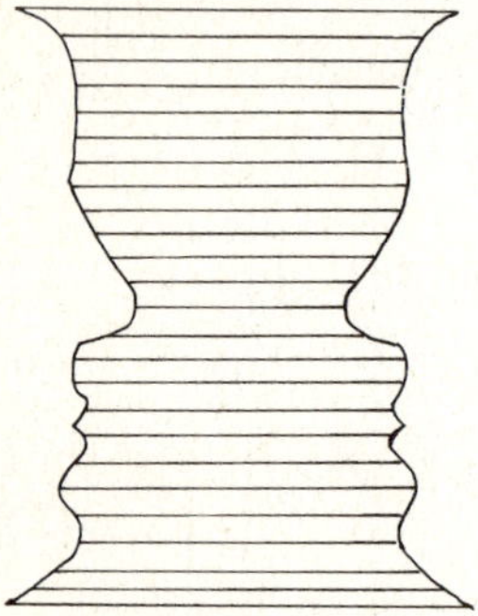

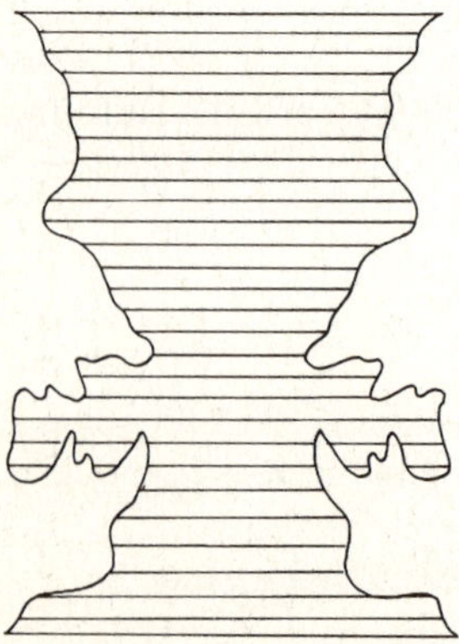

Jetzt fängt die Aufgabe an. Besorge dir ein DIN-A4-Blatt, zeichne auf die linke Seite des Blattes ein Profil. Beginne ca. 3 cm vom oberen Rand entfernt, und zeichne von oben nach unten. Unten soll wieder ein ca. 3 cm breiter Rand sein.

Du benennst die einzelnen Teile des Gesichtes: Stirn, Nase, Lippen, Kinn, Hals.

Jetzt ziehst du oben und unten zwei waagerechte Linien.

Nun setzt du wieder oben an und zeichnest die gleiche Linie von rechts nach innen, also andersherum. Orientiere dich an der linken Gesichtslinie. Na, gelingt das Vasen-Nasen-Bild?

Wenn du fertig bist, ähnelt es vielleicht einer der beiden nebenstehenden Zeichnungen – mit ruhigen Linien wie oben oder mit unruhigen wie beim «Fratzengesicht» unten.

Schau dir dein Meisterwerk an, und laß es mit deinen Augen kippen. Dann schließ die Augen eine Weile, und versuche das Nasen-Vasen-Bild in deinem Kopf zu sehen.

Vase oder
Gesichter?

Übung Nr. 69 Die Welt steht kopf I

Liebe Eltern, für die folgende Übung sollen die beiden Bilder von Dario zerschnitten werden. Damit das Buch nicht beschädigt wird, schlagen wir Ihnen vor, gute Fotokopien davon anzufertigen und sie Ihrem Kind zu geben. Wichtig ist, daß Dario auf dem Kopf steht.
Und hier der Text für die Übung:
Schau dir das Bild von Dario auf der Seite an. Erkennst du, was er auf der Nase hat?

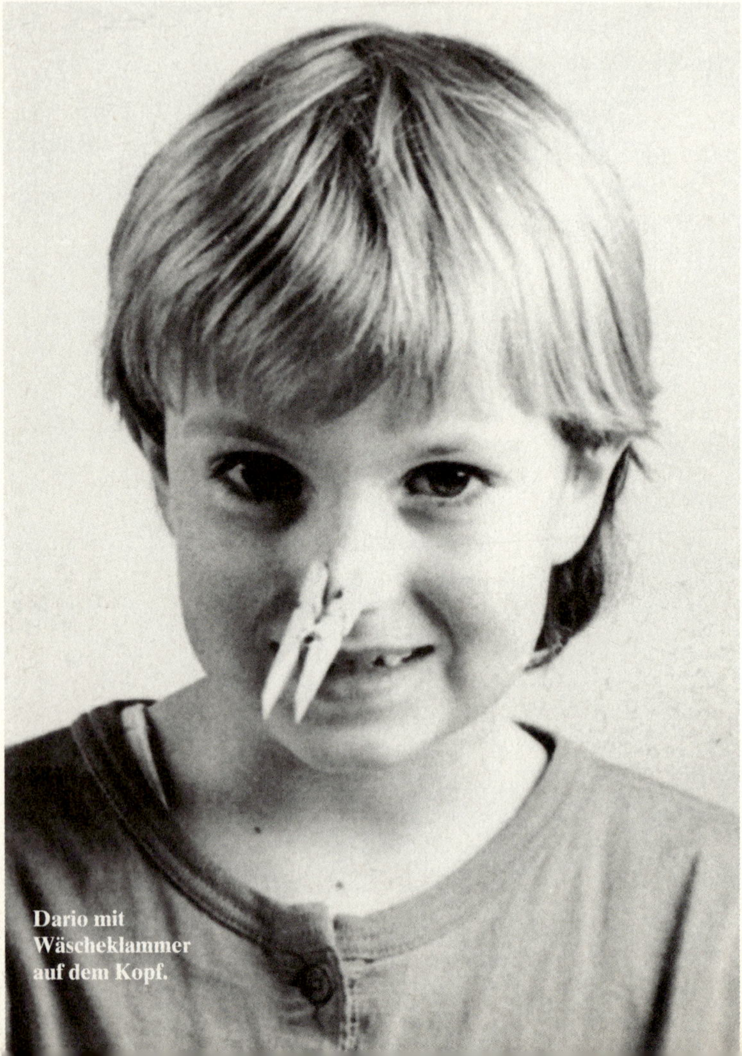
Dario mit Wäscheklammer auf dem Kopf.

Es ist eine Wäscheklammer. Warum er die auf der Nase hat?

Bei den Aufnahmen hat nämlich die kleine Katze von Michael Seifert – das ist der Fotograf – in eine Ecke des Fotoateliers ein Häuflein gemacht.

Jetzt schau dir das Foto von Dario auf Seite 163 ohne die Anti-Stinke-Nasenklammer an.

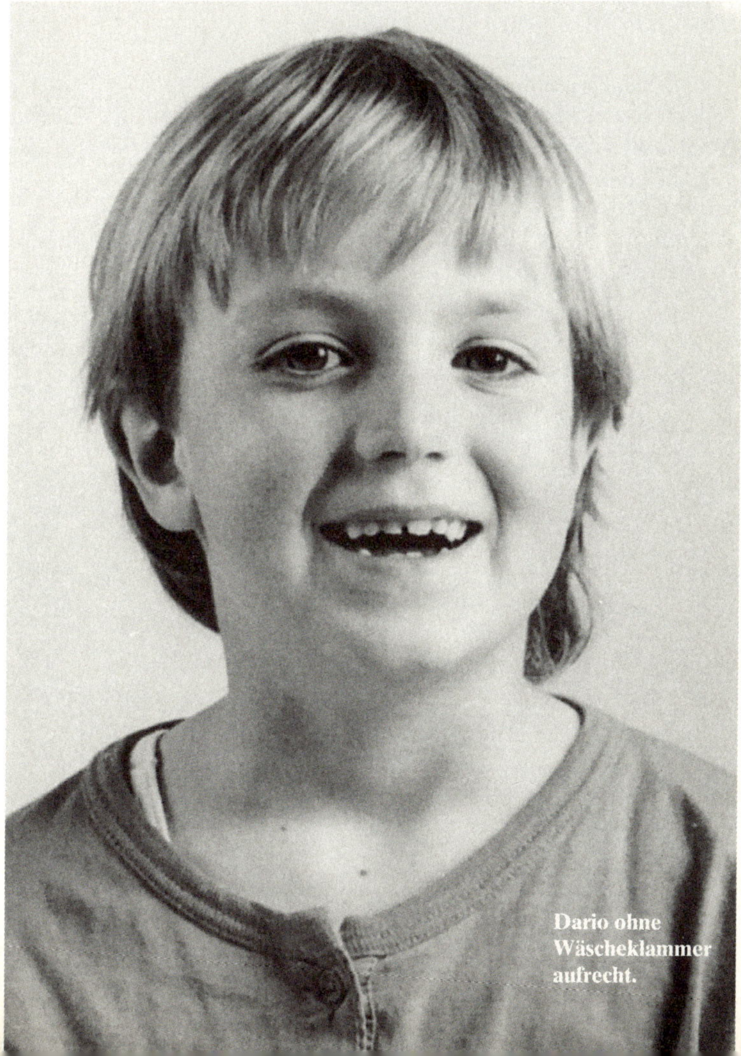

Dario ohne Wäscheklammer aufrecht.

Nun ziehe auf den Kopien von beiden Fotos genau in der Mitte von Darios Kopf eine Linie, und zerschneide die Bilder daran entlang. Du hast nun zwei rechte und zwei linke Gesichtshälften. Die setzt du jetzt wieder zusammen, und zwar die beiden linken und die beiden rechten.

Und jetzt guck dir den «neuen» Dario wieder genau an.

Na, hättest du ihn wiedererkannt, so rechts- bzw. linksköpfig und -hirnig? Sieht der linksgesichtige Dario älter aus oder der rechtsgesichtige?

Übung Nr. 70 Die Welt steht kopf II

Sieh dir die Zeichnung auf Seite 165 an.
Nimm bitte ein Blatt, und zeichne ab, was du auf dem Kopf stehend siehst, und stelle es dabei wieder auf die Erde. (Du stehst dabei natürlich nicht auf dem Kopf – ist doch klar!)

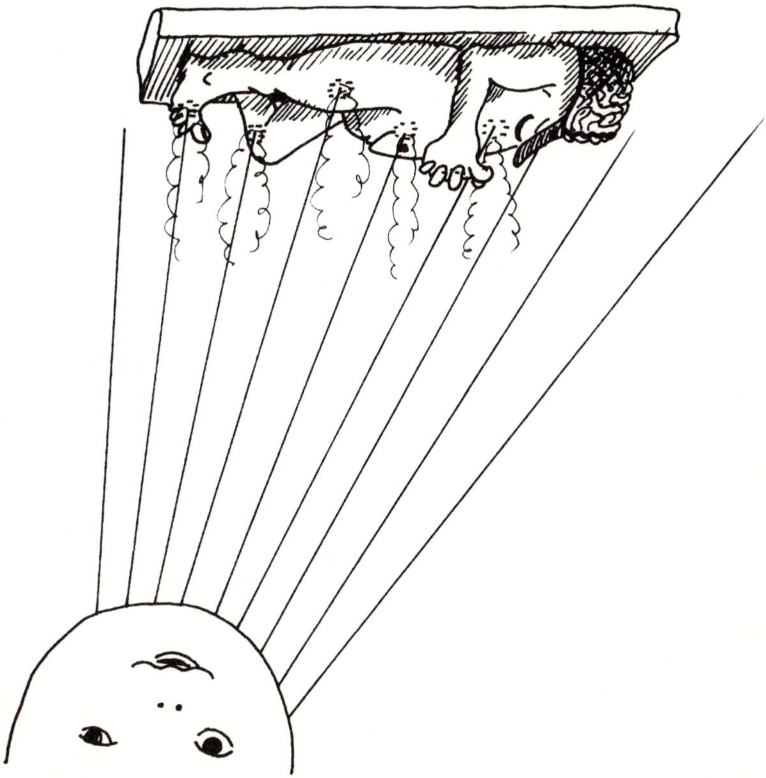

Kapitel 12

Das motorische Gehirn

«Ich denke mit meinen Muskeln», sagte einmal ein großer Denker. Er fühlte intuitiv, was die Wissenschaft inzwischen bewiesen hat.

Bewegung ist ein mentaler Prozeß wie Denken, Wahrnehmen und Fühlen.

Sich bewegen ist praktiziertes Denken im Tun und ein Ausdruck unserer Psyche.

Durch unser Denken und Fühlen beeinflussen wir unsere Motorik. Durch unsere Motorik beeinflussen wir unsere Gefühle und unser Denken.

Bewegung hat nicht nur etwas mit dem Denken und mit den Gefühlen zu tun, sondern auch mit Sinneswahrnehmung. Geringe Sinnesempfindung und Sinneserfahrung schränken nicht nur die Bereiche des Denkens und Fühlens ein, sondern auch den Bereich der Bewegung.

Wenn ein Kind sich nicht ausreichend bewegen kann, bekommt sein Gehirn nicht ausreichend Nahrung, das Kind wird ärgerlich, zornig, wütend, aggressiv, traurig, antriebsarm.

«Bewegung ist die Grundlage der Bewußtheit», sagte im 20. Jahrhundert der Physiker und Therapeut Moshe Feldenkrais.

«Mens sana in corpore sano», sagt der alte Lateiner (Juvenal).

Wenn wir uns den heutigen Stand der Erkenntnis anschauen, können wir das Juvenal-Zitat folgendermaßen abwandeln: «Körperliche Bewegung fördert mentale Bewegung.»

Unsere Motorik spiegelt unseren mentalen und psychischen Zustand wider – also gibt es einen mental-motorischen Prozeß. Den psychomotorischen Zusammenhang kennen wir schon länger: Wenn wir frisch verliebt sind, ist unser Gang, ist unsere ganze motorische

Ausdrucksfähigkeit auch für andere offensichtlich eine andere als nach der Nachricht über den plötzlichen und tragischen Tod einer uns nahestehenden Person.

Ruhe und Aktivität

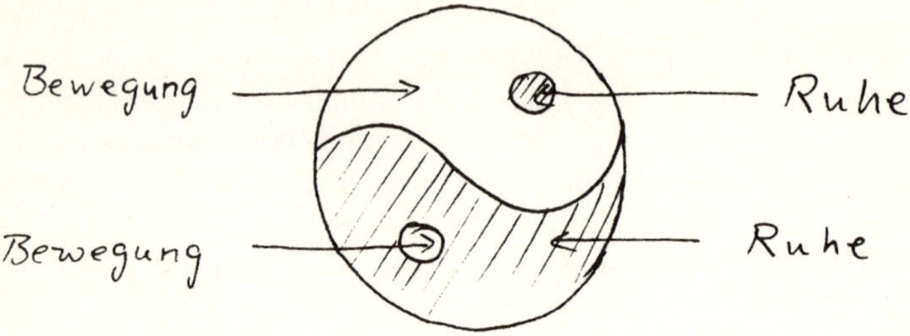

Das Tao-Bild zeigt das Wechselspiel vom Ruhe und Aktivität – es läßt sich auch auf Psyche und Motorik übertragen.

Die ständige Stimulation nur eines Bereichs (zum Beispiel das Training kognitiver Prozesse in der Schule) beeinträchtigt letztendlich die Ausschöpfung des ganzheitlichen Begabungspotentials der Kinder. So kann sich in unserer kopflastigen Welt ein Kind kaum über den Bauch (Bild für Emotionen/Psyche) erfahren.

Alles wird verbal analysiert, bewertet und beurteilt. Das Gefühl aus dem Bauch erscheint dem Kind als schlecht und nicht zu ihm gehörig.

Gefühle werden verleugnet, abgespalten und schließlich nicht mehr wahrgenommen.

Viele Lehrer und Eltern begreifen nicht, daß auch der Bauch (und der kleine Zeh etc.) die mentalen Aktivitäten beeinflussen. Negativ beeinflussen sie, wenn der Kopf als alleiniges mentales Instrument verstanden wird, positiv, wenn der ganze Körper, Bauch und Zehen eingeschlossen, als ganzheitlich mentales Gebilde begriffen wird.

Es geht nicht darum, am schnellsten und kraftvollsten in Konkurrenz mit anderen zu sein, sondern darum, ein harmonisches Zusammenspiel von Kopf und Bauch zu erreichen.

Einladung ins Brain-Body-Studio

Wenn Sie wissen wollen, wie kraftvoll Ihr Gehirn arbeitet, fühlen Sie Ihre Bein-, Arm- und Bauchmuskulatur.

Na, sind Sie zufrieden? Oder ist einiges an Ihrer Körpermuskulatur doch ein bißchen schlaff?

Es gibt womöglich einen Zusammenhang mit Ihrer derzeitigen mentalen Form?

Wie auch immer: Dies ist kein Plädoyer für das Bodybuilding-Studio. Ich lade Sie vielmehr ein ins Brain-Body-Studio. Das kostet Sie und Ihr Kind, nachdem Sie dieses Buch schon besitzen, keine müde Mark mehr.

Wichtig ist, daß Ihr Bewußtsein den Zusammenhang zwischen der Arbeit des Körpers (inklusive Gehirn) und des Geistes erkennt.

Der mentale Zustand wird ebenfalls durch die Motorik sichtbar.

Stimme, Sprache und Sprechen sind mental-motorische Prozesse; sie sagen ebensoviel über die psychische wie über die mentale Befindlichkeit eines Menschen aus. Dies trifft gleichfalls auf die Mimik und Gestik und vor allem auch auf die Körperhaltung zu.

Wenn Ihr Kind eine Matheaufgabe einfach nicht kapiert, wird über den motorischen Ausdruck, es wird wütend, stampft mit dem Fuß auf, die – vergebliche – mentale Aktivität motorisch deutlich.

Es ist nicht übertrieben zu sagen, daß jeder kleine Gedanke ein großes und komplexes motorisches Geschehen – zumindest im Kopf – beeinhaltet. Vor allem in den für Motorik zuständigen Hirnzentren, zum Beispiel der motorischen Hirnrinde oder dem Kleinhirn, tut sich bei Gedankenvorgängen so viel, daß die neurologische Verbindung zwischen Denken und Motorik durch die neuen diagnostischen Methoden wie zum Beispiel PET (Aufzeichnung des Gehirnstoffwechsels) sehr plastisch wird.

Besonders deutlich wird dieses auch in bezug auf die Sprache, die schließlich unser «höchstes Denkmittel» ist: Wenn wir «innerlich» denken, wird unser Sprachzentrum hinter der Schläfe aktiv, ebenso aber auch das sprechmotorische Zentrum hinter der Stirn. Jedes motorische Element bewirkt eine mentale Veränderung und umgekehrt.

Gefühle und Verspannung

Innere Vorgänge können an einer Muskelveränderung bemerkt werden und Muskelvorgänge an einer Veränderung des mentalen Bewußtseins.

Das heißt, wenn Ihr Kind Ärger und Wut spürt und diese Gefühle nicht «herauslassen» kann, werden sich seine körperlichen Muskelanspannungen erhöhen, es ist verkrampft.

Unsere psychische Anspannung schlägt sich nieder in einer «verklemmten» Körperhaltung und Bewegung. Die Schultern sind hochgezogen, die Stirn ist gekräuselt, der Mund verkrampft, das Herz schlägt hektisch, das Sonnengeflecht produziert «Bauchweh», das Rückgrat ist gekrümmt von der psychischen Last.

Nichts fließt, alles ist verstopft und blockiert. Die Energie, die das Gehirn so dringend für seine mentale Arbeit benötigt, bleibt im Körper stecken, der Teufelskreis beginnt und verfestigt sich. Wir sind nicht mehr so leistungsfähig und merken es selber oder bekommen es von unserer Umwelt gespiegelt.

Die Aufforderung, uns zusammenzureißen oder zu konzentrieren, verschärft die ganze Problematik nur noch mehr.

Andererseits werden entspannte Gehirnzustände, bei Gefühlen wie Freude, Zufriedenheit, Zuneigung zum Beispiel, mit einer entspannten Muskulatur und entspannten Bewegungen erkennbar.

Jetzt schließen sich eine Reihe von Übungen an, die so aufgebaut sind, daß alle drei Gehirnbereiche (Stammhirn, Mittel- oder Zwischenhirn und Großhirnrinde) durch Bewegung aktiviert werden.

So utopisch es sich auch anhört, wir «denken» mit jedem Muskel, jeder Zehe und jedem Finger, wir «denken» mit jedem Molekül, ja jedem Atom in unserem Körper.

Bewußtsein – die Basis für das Denken – gibt es im ganzen Körper. Daher ist es sinnlos geworden, zwischen Gehirn und übrigem Körper zu unterscheiden. Mentales Training bezieht sich nicht nur auf das Gehirn, sondern auf den ganzen Körper!

Body-Brain-Übungen

Übung Nr. 71 Kopf und Bauch

Eine Übung, die Sie vielleicht aus Ihrer eigenen Kindheit noch kennen. Für Sie und Ihr Kind.

Stehen. Mit einer Hand auf den Kopf klopfen und mit der anderen Hand einen Kreis auf den Bauch streichen und umgekehrt.

Dies einige Minuten lang wiederholen.

Übung Nr. 72 Knie und Ellbogen

Für Sie und Ihr Kind. Allerdings nur für Kinder, die rechts und links schon ganz sicher unterscheiden können. Bei kleineren Kindern besteht die Gefahr, daß dieser Lernprozeß behindert wird.

Der rechte Ellbogen wird langsam zum linken Knie geführt. Nach rechts zeigen und «links» sagen. Linken Ellbogen langsam an das rechte Knie führen, Kopf nach links und «rechts» sagen.

Übung Nr. 73 Boden berühren

Am besten benutzen Sie für diese Übung ein Tamburin oder ein ähnliches Rhythmus-Instrument.

Das Kind benennt seinen

- Kopf als Nr. 1, den
- Po als Nr. 2 und das
- Knie als Nr. 3.

Es geht durch den Raum, Sie klopfen einen langsamen Dreier-Takt. Sie zählen entsprechend von drei an rückwärts.

Auf drei führt das Kind eine Bewegung aus, die das Knie mit dem

Boden verbindet. Der Erwachsene sagt dann zwei (Po) oder eins (Kopf), und das Kind bringt diese Körperteile mit dem Boden in Berührung.

Dann werden die Zahlen durch Klopfzeichen ersetzt, xx (Po), x (Kopf) und xxx (Knie). Der Ablauf beschleunigt sich und wird dann wieder langsam und ruhig. Am Schluß ruht sich das Kind in der «Stellung des Kindes» (s. S. 71) aus.

Übung Nr. 74 Ohrläppchen und Ellbogen

Das Kind führt die rechte Hand zum rechten Ohrläppchen und zupft daran. Die linke Hand ergreift den rechten Ellbogen, dann umgekehrt. Wenn sich dieses Bewegungsmuster eingespielt hat, geben Sie Ihrem Kind, während es diese Bewegungen ausführt, drei kleine Rechenaufgaben (je nach Alter), die sich immer wiederholen (zum Beispiel 3 x 3, 4 x 5, 8 x 4 oder 2 + 3, 3 + 4, 4 + 2) oder eine kleine Denkaufgabe, wie:

- Was wird härter, je länger man es kocht? (Ei)

oder

- Was macht ein Ostfriese, wenn er in der Wüste eine Schlange trifft? (Er stellt sich hinten an.)

Übung Nr. 75 Ein Links-rechts-Spiel

Das Kind stellt sich hin, läßt den Kopf nach links fallen und zieht dabei die linke Schulter hoch. Dann läßt es den Kopf nach rechts fallen und zieht die rechte Schulter hoch. Diese Bewegungen werden langsam zehnmal ausgeführt.

Dann wird der Kopf nach rechts gebeugt, die linke Schulter angehoben und umgekehrt (zehnmal).

Anschließend wird die gesamte Übung zehnmal wiederholt.

Im Anschluß daran wird ein Lied nach eigener Wahl gesungen und dabei der Takt mit der linken Hand auf den rechten Oberschenkel und mit der rechten Hand auf den linken Oberschenkel geklopft.

Übung Nr. 76 Sich sich selbst vorstellen

Das Kind hält den Kopf gerade, schließt die Augen und stellt sich vor, wie es sich gegenübersteht und sich betrachtet. Es sieht, wie es dasteht mit geradem Kopf und geschlossenen Augen. Dann bewegt es den Kopf nach rechts und die Augen nach links und umgekehrt (zehnmal).

Es folgt eine Pause.

Dann sieht es sich wieder gegenüberstehen.

Diese Übung macht es nochmals zehn- bis zwanzigmal und legt dabei die Hände übereinander auf den Bauch. Mit jeder Bewegungsrichtungsänderung holt es die untere Hand hervor und legt sie nach oben.

Mentales Psychomotorik-Training für Kinder

Wie schon am Anfang dieses Kapitels (s. S. 166) dargelegt, ist unser psychisches Befinden mit entscheidend für unsere mentale Leistungsfähigkeit. Seelische Probleme blockieren die mentalen Leistungsbahnen, wir müssen ununterbrochen an bestimmte belastende Dinge denken, und es ist sozusagen kein Hirnbereich frei für die Schule, das Lesen, die Kommunikation.

Die Aufforderung, uns zusammenzureißen oder zu konzentrieren, verschärft die ganze Problematik nur noch mehr. Schließlich können wir auch nicht auf Kommando spontan sein.

Was ist zu tun?

Wir müssen zuerst versuchen, unseren Energiefluß wieder ins Fließen zu bringen.

Hier einige mental-psychomotorische Übungen gegen Energieblokkaden, für Erwachsene und Kinder zusammen.

Übung Nr. 77 In den Bauch atmen

Setzen Sie sich im Schneider-, Fersen- oder Lotussitz hin, und schließen Sie die Augen. Legen Sie die Zunge an den harten Gaumen hinter der oberen Zahnreihe, und zwar ungefähr einen halben Zentimeter hinter den oberen Schneidezähnen. Nun den Afterschließmuskel hochziehen und die gespreizten Hände als Dreieckhäuschen um den Nabel legen. In den unteren Bauchbereich atmen, dorthin, wo Sie Ihre Hände spüren.

Bleiben Sie ca. drei bis fünf Minuten in dieser Haltung sitzen.

Übung Nr. 78 Thymus-Energie holen

Schließen Sie die Augen. Beim Öffnen suchen Sie mit Ihrer bevorzugten Hand die Thymusdrüse. Der Thymus ist so eine Art Stressregulierungsorgan.
Die Fingerspitzen der Hand liegen in der Höhe des Brustbeins, dort, wo die zweite Rippe mit dem Brustbein verbunden ist, auf Ihrem Körper. Diesen Thymus-Energie-Punkt beklopfen Sie einige Male. Dann halten Sie inne und spüren dem nach.

Ein paarmal wiederholen.

Übung Nr. 79 Die Bauch-Ohr-Connection

Sie halten mit Ihrer bevorzugten Hand den Knochen hinter dem Ohr der anderen Seite (also rechte Hand, linker Knochen) und legen die freie Hand waagerecht unter den Bauchnabel.

Ein paarmal wiederholen.

Übung Nr. 80 Schulter-Selbstmassage

Massieren Sie Ihre rechte Schulter mit der linken Hand. Drehen Sie den Kopf langsam herum und wiederholen die Übung mit den entgegengesetzten Seiten.

Übung Nr. 81 Gähn, gähn, gääääähn

Sie gähnen laut, kräftig und ausgiebig.

Sehr laut und kräftig. Noch lauter, noch kräftiger. Nicht aufhören, bis sie «was» merken.

Übung Nr. 82 Farben und Formen

Diesen Text muß einer langsam vorlesen. Spielen Sie dazu eine Alphawellen erzeugende Musik (s. S. 49 und 85).

Der oder die anderen führen die Anweisungen aus.

«Sie legen sich auf den Rücken und schließen die Augen. In Ihrem Kopf lassen Sie das Bild eines Schmetterlings erscheinen. Geben Sie Ihrem Schmetterling eine Form – zum Beispiel könnte er so ähnlich aussehen wie eine liegende Acht –, eine Farbe und einen Namen. Lassen Sie Ihre Augen um die Umrisse des Kopf-Schmetterlings kreisen.

Jetzt stellen Sie sich den Aufbau Ihres Gehirns vor. Sie sehen das Stammhirn, das Zwischenhirn und das Großhirn in Ihrem Kopf.

Geben Sie dem Stammhirn die Farbe Rot, dem Zwischenhirn die Farbe Grün und dem Großhirn die Farbe Blau.

Diese drei mentalen Abteilungen sehen Sie in Ihrem Kopf und spüren sie zugleich. Sie spüren Form und Farbe. Konzentrieren Sie sich jetzt ganz auf das rote Stammhirn.

Stellen Sie sich vor, wie es zu der Zeit aussah, als es die Menschen noch nicht gab, sondern nur Lebewesen, die langsam aus dem Wasser an Land kamen. Sie sehen ein Reptil vor sich und überlegen, wie sich ein Reptil bewegt.

Legen Sie sich auf den Bauch und heben die rechte Hüfte an, dabei bewegen sich der rechte Arm und das rechte Bein. Jetzt heben Sie die linke Hüfte an, dabei beugen sich auf Ihrer linken Seite Arm und Bein.

So bewegen Sie sich langsam voran und denken daran, wie aktiv jetzt Ihr Reptil-Gehirn, Ihr Stammhirn, ist.

Jetzt legen (oder setzen) Sie sich wieder hin und überlegen, was Reptilien noch so alles machen. Wie bewegen sich Kriechtiere, wie Echsen, Eidechsen, Schlangen, Krokodile, Schildkröten, Saurier etc. ?

Malen Sie in Ihrem Kopf einen Dinosaurier. Sie geben ihm den wunderschönen Namen Dino und bewegen sich wie all die Dinos früher.

Legen oder setzen Sie sich hin und spüren Ihr Zwischenhirn im Kopf. Sie sehen und fühlen Ihr grünes Zwischenhirn. Sie sind jetzt ein grünes Säugetier mit sehr viel Gefühl.

Na, wofür entscheiden Sie sich? Werden Sie zu einem Fuchs, einem Jaguar, einem Pferd oder einem Affen?

Ich stelle mir gerade vor, ich sei der Gorilla Grüno mit sehr, sehr viel grünlichem Gefühl und machte meine Morgengymnastik. Das gefühlvolle Gymnastikprogramm des grünlichen Gorillas Grüno am Gründonnerstag. Weil Gorilla Grüno so richtig etwas fühlen will, lauscht er ganz intensiv der gefühlvollen Musik, die aus seinen Kassettenrecorder kommt.

Er liegt nur so da. Dann kommt die Mutter, der Vater, ein Freund oder irgend jemand und reibt ihn vorsichtig mit Creme oder Rasierschaum ein. Besonders schön findet es Gorilla Grüno, wenn seine Füße massiert werden, dann grunzt er vor Vergnügen und fühlt sich gorillawohl.

Danach reckt und streckt sich Grüno und setzt sich hin. Er lauscht der Musik und rotiert mit seinem Körper rundherum, rechts und links, links und rechts. Die Augen sind dabei geschlossen.

Er denkt an den Tag in der Affenschule und alles erscheint ihm leicht und einfach, obwohl heute auf dem Unterrichtsplan steht: «Wie klaue ich Bananen, ohne bemerkt zu werden?»

Die Musik und die Bewegungen sind fließend, die Energien fließen – alles ist einfach, hell und leicht. Alles ist zu schaffen. Dann steht Gorilla Grüno auf, stellt sich vor den Spiegel und spürt, wie in ihm eine innere Stimme sagt: «Es wird ein schöner Tag!» Er läßt die Schulter leicht fallen, legt die Hand auf die Brust und fühlt, wie es hier ganz weit, hell und offen wird.

Er sagt sich: «Auch in der Affenschule bin ich stolz, schlau und aufrecht. Und immer, wenn es schwierig wird, lege ich kurz die Hand auf die Brust, richte mich auf, und dann wird mein Kopf weit, hell und klar. Ich verstehe alles und löse alles .»

Und läuft beschwingt in die Affenschule. Fünf Bäume rechts, dann kurz vor dem Bau der Löwenfamilie links. Er fühlt sich gut, er bewegt sich gut. Der Tag wird gut.

Nach diesem Ausflug ruhen Sie sich wieder aus und stellen sich dann vor, wie sich aus den Affen im Laufe der Evolution der Mensch entwikkelte.

Den Menschen stellen Sie sich blau vor; denn wir leben auf dem blauen Planeten Erde.

Beim Menschen kommen die Bewegungen des Reptils, die Bewegungen und das Gefühl der Säugetiere und das Denken, Fühlen, Bewegen und Handeln zusammen.

Übung Nr. 83 Den Körper fühlen

Bei dieser Übung müssen Sie Ihrem Kind assistieren. Sie benötigen dazu

- einen Raum, in dem das Kind eine Wand mit den Füßen abtasten kann,
- Schaumstoffmatten oder vergleichbares Material.

Du liegst auf dem Rücken.

Fühle deinen Körperinnenraum, laß dir Zeit dafür.

Jetzt fühle deinen Körperaußenraum.

Lege die Hand auf den Schädel und fühle, wo du oben aufhörst. Lege die Fußsohlen an die Wand und spüre, wo du unten aufhörst.

Nun lege ich dir eine Schaumstoffmatte an deine rechte und linke Seite. Fühle, wo du an den Seiten aufhörst. Du spürst durch die Unterlagen, wo du hinten aufhörst.

Jetzt lege ich dir noch eine dickes Kissen auf den Bauch, und du spürst, wo du oben aufhörst.

Du hast so viele Dimensionen wie der Kleiderschrank: Länge, Breite und Tiefe. In der Tiefe des Kleiderschranks hängen deine Jeans und Kleider, in der Tiefe unseres Körpers ist auch so allerlei. Da ist das Skelett, das Knochengerüst und die Adern, Venen, Sehnen, Muskeln und jede Menge Organe.

Lege eine Hand auf dein Herz, und spüre das «Bumbum» des Herzschlags. Fühle deinen Puls am Handgelenk oder Hals und spüre den Bumbum-Rhythmus des Kreislaufs.

Lege die Hände auf den Darm und spüre das Gegrummel.

Lege die Hände auf alle Organe, die du kennst, und überlege, was sie wohl gerade so machen.

Übung Nr. 84 Bewegen und denken

Lege dir für diese Übung einen großen Bogen Papier und ein paar Wachsmalstifte oder etwas anderes zurecht, mit dem du gerne malst. Du sollst damit deine Phantasien aufmalen.

Stell dir vor, wie wir Menschen uns fortbewegen. Wir laufen, hüpfen, springen, jedenfalls als Kinder, später gehen wir fast nur noch, außer beim Sport. Stell dir vor, wie ein Erwachsener, den du kennst, hüpfend und singend die Straße entlangkommt.

Überlege dir einen Hüpf-, Lauf- und Springparcours mit vielen Hindernissen, den es zu überwinden gilt, und male ihn auf.

Denk dir eine Geschichte dazu aus.

Hier hast du ein paar Anregungen.

- Du gehörst zu einem Indianerstamm und bist auf der Flucht vor dem weißen Mann.
- Du bist in einem englischen Schloß, und die Schloßgeister sind hinter dir her, dazu brauchst du einen «Geister-ihr-kriegt-uns-nicht-Parcours» mit unüberwindlichen Barrieren für diese Gestalten.
- Du bist mit einer selbstgebauten Rakete zum Stern XBLAZ gereist. Dort herrscht Schwerelosigkeit. Du hast deshalb große Probleme mit deinen Bewegungen. Wie bewegst du dich auf XBLAZ, wenn es dort keine Anziehungskraft gibt wie auf der Erde? Denke darüber nach, und probiere es aus.

Kapitel 13

Das atmende Gehirn

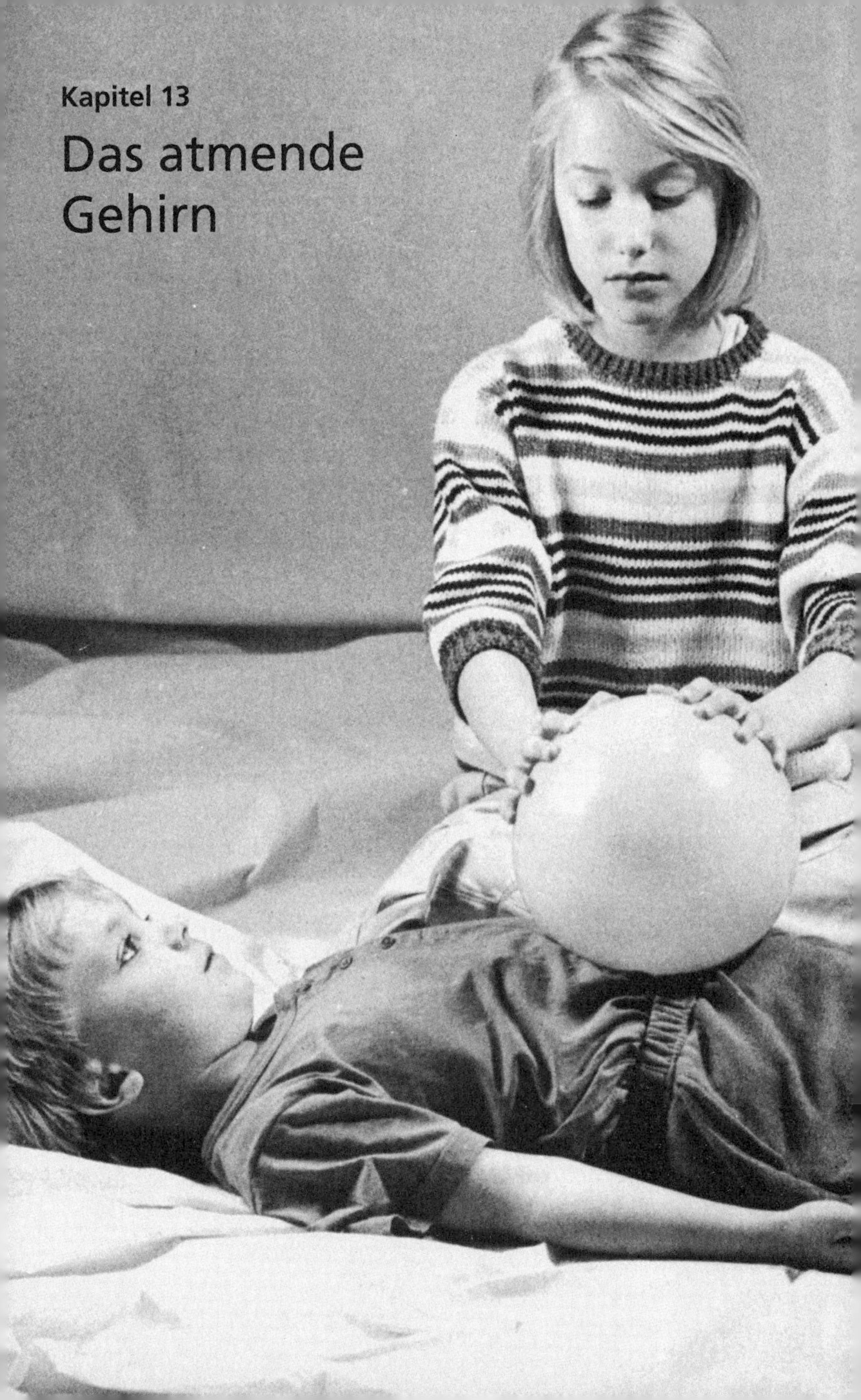

Der Atem versorgt alle Teile unseres Körpers mit Sauerstoff. Ohne stetige Sauerstoffzufuhr sterben wir Menschen nach 15 bis 20 Minuten, unsere Gehirnzellen noch schneller. Richtiges Atmen beruhigt, entspannt und verhütet bzw. beseitigt mentale Blackouts.

Ich halte richtiges Atmen gerade für Kinder – neben den motorischen Prozessen – für das Mentale Training Nr. 1!

Die fortschreitende Luftverschmutzung und Verschmutzung der Umwelt tragen dazu bei, daß Ihr Kind hinter seinen mentalen Möglichkeiten zurückbleibt. Gutes und richtiges Atmen trägt entscheidend bei

- zur mentalen Produktivität und
- zur seelischen Ausgeglichenheit.

Etwa sechzehnmal atmet ein Erwachsener pro Minute ein und aus – Kinder kommen auf eine Frequenz von ca. 20 bis 50 Atemzügen pro Minute. Gutes Atmen heißt: langsames und tiefes Atmen.

Langsameres Atmen = die Anzahl der Atemzüge pro Minute wird reduziert, was zur Folge hat, daß eine mentale Beruhigung eintritt und das Gehirn aktiviert wird.

Tiefes Atmen heißt, der Atem soll tief nach unten in den Bauch gehen und nicht oben im Schulter-Brust-Bereich steckenbleiben.

Machen Sie mit sich selbst folgendes Experiment:

Atmen Sie pro Minute dreißig- bis vierzigmal (ohne zu hecheln) in den Brust-Schulter-Bereich, und Sie spüren die Wirkung im Kopf.

Ein so entstandener «Kohlendioxydrausch» wird oft als selbstinitiierte «Narkose» empfunden, das Gegenteil von einem «klaren Kopf».

Bei einem Zustand, der (tag)traum- oder narkoseähnlich erlebt wird, ist die mental-kognitive Aufmerksamkeit reduziert, dafür aber häufig die Kreativität angekurbelt.

Atemzüge pro Minute

- ca. 35 bis 50 beim Neugeborenem
- ca. 40 beim sechs Monate alten Säugling
- ca. 35 beim einjährigen Kind
- ca. 25 beim sechsjährigen Kind
- ca. 15 bis 20 bei einem Kind ab sechs Jahren im mentalen Entspannungszustand

Es ist also wichtig, die Anzahl der Atemzüge pro Minute zu verringern – ebenso wichtig ist es, den Atem an den richtigen Ort zu transportieren, nämlich in die Nabelgegend.

Bevor die mentalen Atemübungen für Kinder vorgestellt werden, wird Hirnchen 1 mit uns eine Atemreise durch den Körper Ihres Kindes machen, dessen Name jeweils an entsprechender Stelle von Ihnen beim Vorlesen einzusetzen ist.

Atemübungen

Übung Nr. 85 Die Atemreise

Diese Geschichte lesen Sie bitte Ihrem Kind vor.

Hirnchen 1 saß gelangweilt in seiner hirnlichen Behausung von ... (Namen Ihres Kindes einsetzen), als es plötzlich Hirn-Alarm gab.

«Achtung, Achtung! Durchsage an alle! Alle Zellen werden mit Kohlendioxyd überflutet, und es herrscht gleichzeitig ein besorgniserregender Mangel an Sauerstoff. Irgend etwas scheint mit der Atmung nicht in Ordnung zu sein!

Wer meldet sich freiwillig zur Atemexpedition. Der Sauerstoffmangel muß ganz schnell beseitigt werden.»

Hirnchen 1 überlegte: «Das ist bestimmt nicht ganz ungefährlich, aber sicher wahnsinnig interessant und spannend. Das wird ja eine Reise durch die Atmung unseres Bio-Wesens Mensch.»

Hirnchen überlegte nur ganz kurz. Er könnte sich eventuell blamieren; aber sicherlich gab es irrsinnig lustige, spannende und gruselige Dinge zu erleben. Und vielleicht konnte es sogar ein Held werden.

«Ja, ich übernehme den Auftrag! Hirnchen 1, Standort: Sonnengeflecht, 3. Schläfenwindung links».

Und schwups wurde Hirnchen 1 aktiv und rutschte geschwind die Nervenbahn zum Atemzentrum hinunter.

Du kannst es beinahe fühlen, wenn du die Hand in den Nacken legst.

«Alles okay, Medulla oblangata?» fragte Hirnchen 1 das Atemzentrum.

«Nichts ist in Ordnung! Hätte ich sonst Großalarm ausrufen lassen?! Es ist so viel Kohlendioxyd im Körper, daß ich mich fürchterlich aufregen muß! Mach geschwind etwas dagegen!»

«Ich tue mein Bestes», sagte Hirnchen 1 und glitt gleich mit einem flotten Nervenimpuls weiter in die Lunge.

«Hallo, ihr unzähligen Bläschen, hier kommt euer Freund und Helfer, Hirnchen 1, mit dem gehirnlichen Atem-Sonder-Auftrag! Wie geht's, wie steht's? Äh, ich meine, wie alveolt es sich?»

Alveolen heißen die Lungenbläschen, und wenn sie arbeiten, alveolen sie.

«Chaos, Chaos, Chaos», schrien die Alveolen, und Hirnchen 1 ergriff die Flucht, da es den Lärm nicht ertragen konnte. Es machte sich auf den Weg zum Zwerchfell. Das Zwerchfell ist ein Muskel und trennt den Brust- vom Bauchraum. Du kannst es fühlen, wenn du atmest.

«Ja, alter Freund, wie geht's?» begrüßte Hirnchen 1 liebevoll das Zwerchfell.

Das Zwerchfell stöhnte: «Mächtig viel Arbeit, mächtig viel Arbeit. Alles scheint durcheinandergeraten zu sein. Ein einziges Tohuwabohu. Laß mich darum besser in Frieden, du kleiner Klugscheißer», pöbelte das ansonsten so liebenswerte Zwerchfell.

«Ich verkrümel mich lieber», dachte Hirnchen 1, «aber wohin?» Wo kann der Fehler im System stecken? Wieso kommt der Atem und alles mit ihm durcheinander?»

Hirnchen 1 dachte angestrengt nach, was sie damals in der Hirn-Schule gelernt hatte.

«Ah ja, das Limbische System. Letztendlich sind Gefühle ganz wichtig für die Steuerung des Atems – also los, wieder nach oben.»

Hirnchen 1 liebte diese rasanten Fahrten, vor allen Dingen die Nervenbahnfahrt zum Gehirn, da bekam sie jedesmal so starke Gefühle, daß ihr fast die Tränen kamen.

In null Komma nichts war Hirnchen 1 im Limbischen System, tief in der Mitte des Kopfes, gelandet. Das Limbische – wie Hirnchen 1 das Limbische System kurz und knapp nannte – war sehr, sehr traurig. «Stell dir vor, ... (Name Ihres Kindes) hat Kummer, und da ich den Kummer am intensivsten fühle, ja man könnte sagen, ich bin ... (Name Ihres Kindes), mußte ich automatisch dieses Gefühl an die Atmung weiterleiten, ob ich wollte oder nicht. Und jetzt ist die Atmung total durcheinander, und dadurch wird das Problem immer schlimmer!»

«Gottlob – wir haben die Ursache der Fehlsteuerung. Wir lösen das Problem ganz einfach, indem wir mentale Atemübungen machen», sagt Hirnchen 1 und beginnt auch gleich damit.

Übung Nr. 86 Luftballon atmen

Du ziehst die Vorhänge in deinem Zimmer zu, setzt dich im Fersensitz auf eine weiche Unterlage. Du sitzt aufrecht und atmest durch die Nase tief in den Bauch, der dabei dick wird wie ein Luftballon.

Langsam ausatmen.

Jetzt atmest du ein und zählst dabei im Kopf bis sechs, dann langsam ausatmen und dabei bis acht zählen (fünfmal).

Übung Nr. 87 Ungeniert recken und gähnen

Du reckst und streckst dich und gähnst dabei ganz ungeniert und kräftig, mit weit geöffnetem Mund.

Übung Nr. 88 Seufzen und Stöhnen

Stell dir vor, du bist ein Indianer und reitest durch die Prärie. Plötzlich scheut dein Pferd, und plumps, hat es dich abgeworfen.

Nun stöhnst und seufzt du ganz arg, weil dieser Sturz auf den Po sehr weh tut und weil deine Indianerfreunde schadenfroh grinsen.

Übung Nr. 89 Radfahren

Leg dich auf den Rücken, und strampele so mit den Beinen, als würdest du radfahren. Immer schneller, schneller – dann langsamer und langsamer und ausruhen.

Übung Nr. 90 Dampflok-Prusten

Du bist jetzt eine alte Dampflokomotive und hast eine weite Fahrt vor dir.

Du atmest ein und auf «sch-sch-sch-sch» aus (fünfmal).

Übung Nr. 91 Sum, sum, sum, Bienchen, summ herum!

Atme ein und stell dir vor, du würdest dich während des Einatmens in eine Biene verwandeln, die von Blüte zu Blüte fliegt. «S» machst du beim Ausatmen, ein summendes «S-S-S», das durch den Kopf vibriert, wie bei einer richtigen Biene.

Übung Nr. 92 O-M

Siehst du Hirnchen 1 in deinem Kopf?
Selbst mit geschlossenen Augen ?

Hirnchen 1 flüstert dir zu «Summe und brumme mir ein O-M.» Das ist für unser Hirnchen 1 wie für dich vielleicht eine Schlittenfahrt oder eine Fahrt mit dem Karussell.

Wir tun Hirnchen 1 und allen anderen Hirn-Wesen den Gefallen und machen beim Ausatmen O–O–O–M–M–M–M. Wir spüren, wie es in unserem Kopf brummt, und weil es so schön war, bitte noch fünfmal.

Übung Nr. 93 Hohlrücken

Besorge dir einen dicken Ball, ein Faß, einen dicken Baumstamm, eine dicke Schaumgummirolle oder irgend etwas anderes Dickes, und lege dich mit dem Rücken darauf. Die Arme hängen seitlich vom Körper herab.

Übung Nr. 94 Huckepack

Diese Übung können Sie zusammen mit Ihrem Kind machen. Laden Sie Ihr Kind auf Ihren Rücken, und beugen Sie sich nach vorn. Ihr Kind streckt die Arme, wie auf dem Foto (s. S. 186) zu sehen ist.

Versuchen Sie, einen gemeinsamen Atemrhythmus zu finden.

… einen gemeinsamen
Atemrhythmus finden …

Übung Nr. 95 Hände auf dem Nabel

Diese Übung können Sie zusammen mit Ihrem Kind machen. Setzen Sie sich zusammen mit Ihrem Kind in den Schneider- , Lotus- oder Fersensitz.

Die linke Hand liegt auf dem Nabel, die rechte Hand liegt auf der linken Hand.

Beim Ausatmen zählen Sie gemeinsam laut von eins bis zehn (eeinnsss–zwwweeeii, drrrreeiii usw.).

Einatmen. Beim Ausatmen zählen Sie wie oben.

Machen Sie eine kleine Pause, und beginnen Sie von vorn (fünfmal).

Atemkontrolle in schwierigen Situationen

In den nächsten Übungen geht es darum, den Atem in schwierigen Situationen zu kontrollieren. Wenn er ganz nach oben rutscht, ist er flach und eingeklemmt. Dieses Atmen erzeugt und verstärkt das Gefühl von Angst, Hilflosigkeit und Ausgeliefertsein.

Übung Nr. 96 Schreien I

Öffne den Mund, so weit du kannst. Der Unterkiefer wird hin- und herbewegt. Stell dir vor, du ißt einen riesigen Apfel, der kaum Platz in deinem Mund hat. Jedenfalls kannst du die Lippen nicht mehr schließen, so dick, rund und groß ist der leckere Apfel. Beiß ein großes Stück ab, und kau jetzt das Riesending ganz langsam und bewußt, dabei bewegst du vor allem den Unterkiefer hin und her.

Mund und Augen schließen und tief in die Nabelgegend atmen. Jetzt stell dir dein Problem, das, was dich gerade am meisten belastet, so realistisch wie möglich vor.

Versuche, dieses Problem mit allen Sinnen zu erleben:

Wie sieht es aus? Wie riecht es? Wie schmeckt es? Wie fühlt es sich an? Wie hört es sich an?

Jetzt kaue dein Problem mit geschlossenem Mund gut durch. Du kaust und kaust und kaust, bis das Problem ganz klein und klebrig ist. Dann spuckst du das durchgekaute Problem aus, egal ob in die Toilette, in das Waschbecken oder in dein Taschentuch.

Fühlst du dich besser?

Variante

Statt es auszuspucken, kannst du dein Problem auch «einschläfern», dazu mußt du das Problem mental – also in deinem Kopf – ausgähnen. Ja, gähne so richtig nach Lust und Laune, bis das Problem langweilig und zum Einschlafen ist. Spüre hinterher, wie das Problem nach eingeschlafenen Füßen schmeckt, wie es alt und faulig riecht, wie es in deinem Kopf nur noch undeutlich zu sehen ist, so verschwommen wie durch eine milchige Toilettenfensterscheibe.

Übung Nr. 97 Taschenmesserschrei

Stell deine Füße weit auseinander.

Du stehst und stellst dir vor, du hieltest ein Taschenmesser in den Händen. Hebe das Taschenmesser hoch über den Kopf, atme dabei leicht ein und beuge deinen Körper leicht nach hinten. Jetzt läßt du das Taschenmesser «klapp, klapp» nach vorn zusammenklappen. Deine Arme schwingen dabei nach unten und durch die geöffneten Beine nach hinten. Beim Zusammenklappen atme laut schreiend aus.

Was du schreist, ist völlig egal. Hauptsache, es entlastet deinen Kopf und Körper.

Übung Nr. 98 Die Atemwelle

Wähle eine Musik aus, die dich an Meeresrauschen erinnert. Lege dich auf eine weiche Unterlage auf den Rücken, und laß in deinem Kopf das Bild von Meereswellen am Strand entstehen. Denke an den letzten Urlaub am Meer, den du zusammen mit deinen Eltern verbracht hast. Versetze dich ganz tief in das Empfinden, am Strand zu liegen.

Die Knie hochstellen, beim Einatmen ein leichtes Hohlkreuz machen und den Po gegen die Unterlage drücken.

Stelle dir vor, wie sich jetzt Po und Darm nach innen ziehen.

Ausatmen und den Rücken rund machen. Der Po hebt sich leicht, und die Beine fallen auseinander.

So ein- und ausatmend, schwebst du über das Meer. Du hast eine lange Reise vor dir, vielleicht von Hamburg nach New York oder von Sylt nach Norwegen. Gib dich ganz der Atemwelle hin.

Gute Atemreise!

Variante
Leg dich für diese Übung in die Badewanne, und lausche dem Plätschern des einlaufenden Wassers. Der gesamte Ablauf wie oben.

Übung Nr. 99 Schreien II

Schluck deine Wut nicht runter. Wenn du deinen Kopf nicht frei bekommst fürs Lernen, weil dich andere Dinge zu stark ablenken, weil du dich über andere Leute, vielleicht über einen Lehrer, geärgert hast, schluck deine Wut nicht runter, sondern laß sie raus.

Wenn du im Moment über dich selbst wütend bist, kannst du diese Übung auch vor einem Spiegel machen. Oder du kannst eine Zeichnung anfertigen von der Sache oder dem Menschen, die dir Kummer bereiten.

Die Übung kannst du zu Hause in deinem Zimmer, zwischen den Schulaufgaben oder in der Schule während der Pause auf der Toilette machen – dann allerdings besser ohne Schreien.

Strecke die Zunge weit heraus, und denk dir dabei: «Du kannst mich mal!» – «Du kriegst mich nicht klein!» – «Dich knacke ich!» (wenn zum Beispiel eine Rechenaufgabe nicht so klappen will, wie du es möchtest).

Streck die Zunge heraus und schreie «Buuuuu!» – «Igitt!»

Übung Nr. 100 Herzen synchronisieren

Wir denken und fühlen mit dem Kopf, und wir fühlen und denken gefühlvoll mit dem Herzen und dem Bauch. So jedenfalls wußte es schon immer der Volksmund, und die moderne Wissenschaft bringt ständig Neues, um es zu bestätigen.

Wenn wir «Gefühls-Probleme» haben, uns jemand ablehnt, uns nichts zutraut, ist es sinnvoll, in das Nachdenken darüber im Kopf auch das Herz als mentales Fühlzentrum miteinzubeziehen.

Nicht nur der Kopf leistet mentale Arbeit, nein, er arbeitet ganz eng mit dem Herzen und dem Bauch zusammen. Wenn es um Angst, Verzweiflung, Ärger, Wut, Zorn und Haß, Abneigung, Freude, Liebe geht, muß das Herz in den mentalen Kopf-Prozeß miteinbezogen werden.

Und hier die Übung

Lege dich auf den Rücken, und atme tief in den Bauch.

Nun eine Hand auf das Herz legen und spüren, wie es schlägt. Du siehst dein Herz deutlich grün und spürst sein rhythmisches Schlagen. Stell dir das Herz des Menschen vor, mit dem du Schwierigkeiten hast. Du siehst sein grünes Herz. Dein Herz ist in deinem rechten Auge, und das Herz des anderen Menschen ist in deinem linken Auge. Erst schlagen die Herzen in unterschiedlichem Takt, dann fangen sie an, einen gemeinsamen Rhythmus zu finden.

Da steigt von deiner Nasenwurzel aus ein blaues Licht auf und verbindet das rechte mit dem linken Auge durch eine liegende blaue Acht. Atme tief und spüre den Gleichklang der Herzen.

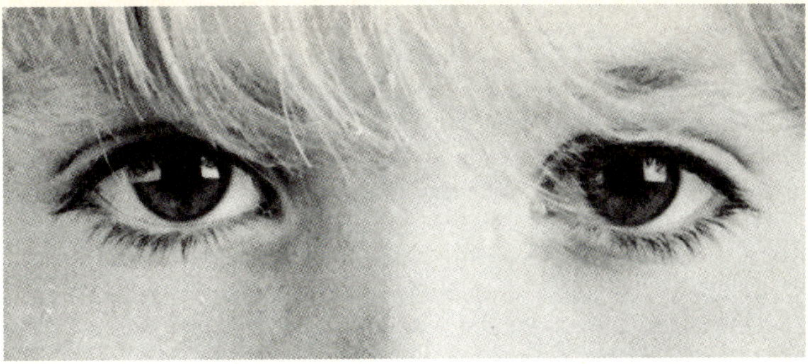

Kapitel 14

Das sehende Gehirn

«Was ich sehe, das glaube ich!»

«Was ich gesehen habe, das behalte ich!»

«Das sehe ich nicht ein!»

«Ich sehe rot!»

Stärker als jeder andere beherrscht der Seh-Sinn unser Leben.

Wir sind Augenwesen. Evolutionsgeschichtlich waren wir erst Fühl-, Hör- und Riech-Wesen, bevor wir zu visuellen Geschöpfen wurden.

Im Cortex, der Großhirnrinde, hat sich ein großes Zentrum herausgebildet, das nur für die Verarbeitung von Seh-Eindrücken zuständig ist.

Leider verkümmern darüber unsere anderen Sinne. Wer verläßt sich schon darauf, sein zur Tür hereintretendes Kind zu riechen oder die

Ankunft des IC aus Wiesbaden mittels Vibrationen – wie die alten Indianer, die das Ohr auf das Gleis legten – zu erspüren.

Nein, wir verlassen uns überwiegend auf das, was uns unsere Augen sichtbar machen.

Auch unser Gedächtnis funktioniert – jedenfalls bei nicht Sehbehinderten – hauptsächlich über das Einprägen und Speichern von Seh-Eindrücken. Lesen und Schreiben setzen sowieso Sehen voraus. Blinde «fühlen» ihre Schrift durch Pünktchen-Erhebungen.

Wenn wir das Sehen unter dem Aspekt mentaler Prozesse betrachten, dürfen wir neben den Augen die Zirbeldrüse im Gehirn als ebenfalls wichtiges lichtempfindliches Organ nicht unbeachtet lassen.

Die Zirbeldrüse – auch Epiphyse genannt – ist eine tief im Gehirn liegende Drüse, die auf Licht reagiert. Die Zirbeldrüse ist ebenso aus lichtempfindlichen Fasern zusammengesetzt wie die Retina (Netzhaut) des Auges. Neben ihren Funktionen als eine Art Leinwand ist die Zirbeldrüse auch eine unserer biologischen Uhren, die uns unser Zeitgefühl vermitteln: Raum- und Zeitempfinden hängen physiologisch eng zusammen.

Die Zirbeldrüse nimmt auf mentale Prozesse erheblichen Einfluß. So entstehen zum Beispiel die «Frühlingsgefühle», weil die zunehmende Lichteinwirkung im Frühling diese veranlaßt, die Produktion des Hormons Melatonin zu drosseln. Melatonin hemmt in der dunklen Jahreszeit die Ausschüttung der Geschlechtshormone.

Die Aktivität aller wichtigen Drüsen (Schilddrüse, Keimdrüsen, Nebennierenrinde, Hirnanhangdrüse) wird durch Licht beeinflußt und somit auch die Hormonproduktion. Wenn Ihr Kind also müde, aggressiv oder depressiv nach sechs oder acht Stunden Schule nach Hause kommt, kann das unter vielen anderen auch den Grund haben, das die schulischen Lichteinwirkungen schlecht sind.

Unsere Vorfahren haben Licht einfach als den Gegensatz von Dunkel gesehen; heute wissen wir, daß Licht eine Form von Energie ist. Die Lichtstrahlen – Physiker sagen Lichtwellen – breiten sich in einem leeren oder mit durchsichtiger Materie gefüllten Raum aus.

Isaac Newton wies 1666 nach, daß weißes Licht aus verschiedenen Farben besteht.

Das elektromagnetische Spektrum reicht von einer Größenordnung von mehreren Kilometern (Radiowellen) bis zu Billionstel Millimeter langen Wellen (Höhenstrahlung).

In diesem Rahmen ist der Ausschnitt der Frequenzen, den wir als «sichtbares Licht» wahrnehmen, winzig; nämlich 380 bis 760 nm (nm = Nanometer), und für die Farbwahrnehmung ist sogar nur der Bereich zwischen 400 (violett) und 700 nm (rot) für uns Menschen wahrnehmbar. An das violette Ende schließen sich Ultraviolett-und Röntgenstrahlen an, die vom menschlichen Auge nicht wahrgenommen werden können, aber doch manchmal sehr spürbare Auswirkungen haben. Ich denke da zum Beispiel an einen Sonnenbrand oder Schneeblindheit.

Das rote Ende geht über in den Infrarot-Wärme-Bereich und dann in den Radarbereich.

Unsere Farbwahrnehmung ist also minimal, wir haben nur ein visuell schmales Fenster zur Außenwelt.

Licht und damit Farben sind von eminenter Bedeutung für unsere Gesundheit und mentale Leistungsfähigkeit.

Licht ist Energie – Farbe ist Energie. Energie ist mentale Nahrung! Jede Farbe löst bzw. unterstützt spezifische mentale Aktivitäten.

Rot ist eine positive, vitale, kreative Farbe, oft auch aggressive, antriebsreiche Farbe. Sie aktiviert antriebsarme Kinder.

Blau ist eine beruhigende, kühlende Farbe. Sie besänftigt hyperaktive, unruhige Kinder. Grün hat einen positiven, ausgleichenden, harmonisierenden Einfluß auf das Nervensystem, **Grün** ist die Grundfarbe der Natur.

Aber auch hier gilt der Grundsatz, alles in Maßen!

Die Lektüre dieses Buches sollte nicht dazu führen, daß Sie die Wände Ihres nervösen, unkonzentrierten Kindes blau streichen und es ab sofort nur noch blau einkleiden. Ein gezieltes mentales Training mit Farben, das wohldosiert ist, ist wesentlich besser geeignet.

Übung Nr. 101 Farbige Glühlampen

Kaufen Sie die für Ihr Kind relevante Farbe als farbige Glühbirne, und «bestrahlen» Sie Ihr Kind jeden Tag ca. fünf Minuten mit der gewählten Farbe.

Übung Nr. 102 Largo mit Lichtorgel (Intensivübung)

Hier wird für nervöse, unruhige und unkonzentrierte Kinder das visuelle mit dem akustischen Training verbunden. Sie kaufen oder besorgen sich eine Lichtorgel (ca. 100 DM) und drei blaue Glühbirnen.

Ihr Kind hört sich jeden Tag, liegend und mit geschlossenen Augen, ca. zehn Minuten folgende Musikstücke an und nimmt dabei durch die Augenlider das blaue Flackern der blauen Glühbirnen der Lichtorgel wahr:

Bach, J. S.
- Largo aus dem Flötenkonzert in g-Moll
- Aria zu den Goldberg-Variationen
- Largo aus Konzert für Cembalo solo in F-Dur

Händel, G. F.
- Largo aus Konzert Nr. 1 in B-Dur
- Largo aus Konzert Nr. 3 in D-Dur

Vivaldi, A.
- Largo aus Winter, «Die vier Jahreszeiten»
- Largo aus Konzert in D-Dur für Gitarre, Streicher und Basso continuo

Larghi haben ein Tempo von 40 bis 60 Schlägen pro Minute und sind in Resonanz mit dem Herz- und Atemrhythmus von besonders beruhigender Wirkung.

Übung Nr. 103 Wir zaubern Farben

Die «Herstellung» der altbekannten Seifenblasen im Großformat macht Ihrem Kind sicherlich viel Spaß. Dario (s. S. 195) produziert hier riesige, irisierende Blasen und ist ganz konzentriert bei der Sache. Wir haben die riesengroßen Seifenblasen farbig angestrahlt, was auf den Schwarzweiß-Fotos leider nicht zu erkennen ist. Am besten haben sie ihm in allen Regenbogenfarben gefallen. Dario versteht nun sehr viel besser, wie ein Regenbogen am Himmel zustande kommt. Dadurch nämlich, daß bei Regen die Sonnenstrahlen in die Spektralfarben (= Regenbogenfarben) gebrochen werden und sich in den Regentropfen widerspiegeln.

Mit den großen
Ringen gibt's auch
große Seifenblasen

Kapitel 15

Das essende Gehirn

Unser Gehirn denkt so gut, wie die Nahrung ist, die wir unserem Körper und damit dem Kopf zuführen.

Für die Weiterleitung von Nervenimpulsen sind die sogenannten Neurotransmitter verantwortlich, die die elektrischen Impulse im Gehirn biochemisch umwandeln. Diese Neurotransmitter werden zum Teil aus der Nahrung hergestellt. Die Hirnbotenstoffe Dopamin, Serotonin und Norephedrin (Noradrenalin) können wir sozusagen essen.

Dopamin und Norephedrin sind Wachheitschemikalien. Sie ermöglichen es uns, mental aktiv zu sein, schnell und konzentriert zu denken. Wenn Sie zum Beispiel ein «Aha-Erlebnis» haben, sind daran Dopamin und Noradrenalin – und somit Ihre Ernährung – nicht ganz unbeteiligt, zumindest biochemisch gesehen.

Serotonin wirkt beruhigend. Es schützt uns vor Reizüberflutung und hilft bei der Konzentration auf eine Sache, das Abschweifen der Gedanken wird gebremst.

Diese für den Gehirnstoffwechsel wichtigen Substanzen sind in den «Nahrungsmitteln aus erster Hand» (s. S. 201) enthalten.

Das Gehirn als Großverbraucher von Energie

Das Gehirn des Kindes hat bei der Geburt schon ca. ein Viertel seines späteren Umfangs, der restliche Körper dagegen erst ca. ein Zwanzigstel seiner endgültigen Größe.

Eine hirngerechte Ernährung beginnt also bereits im Mutterleib. In den Monaten vor der Geburt und in den ersten drei Jahren ist das Gehirn am plastischsten.

In diese Zeit bilden sich die meisten Vernetzungen der Neuronen. Unter- bzw. falsch ernährte Kinder haben oftmals ebenso wie Kinder, die in einer reizarmen und wenig anregenden Umwelt aufwachsen, ein geringeres Hirngewicht, ein geringer ausgebildetes neurales Netzwerk, eine dünnere Hirnrinde und eine weniger ausgebildete Myelinschicht als Kinder, die eine Mutter haben, die sich während der Schwangerschaft bewußt ernährt hat und die auch beim Baby und heranwachsenden Kind auf eine gute, gesunde Ernährung Wert legt.

Wissenschaftlich ernst zu nehmende Untersuchungen zeigen, daß Muttermilch die optimale Ernährung für das Baby ist, da der Eiweißgehalt der Muttermilch den kindlichen (Hirn-)Stoffwechsel anregt. Außerdem enthält Muttermilch die Antikörper der Mutter, die gegen manche Krankheit immunisieren.

Die gesunde, fürs Babyhirn gerechte Ernährung beginnt also während der Schwangerschaft.

Ein wirklich sehr bewußter Umgang mit Alkohol und Verzicht auf Nikotin sollten von jeder verantwortungsbewußten Schwangeren ernsthaft erwogen werden.

Die Ernährung ist in den ersten drei Jahren von großer Bedeutung für den Aufbau und die Arbeitsweise des Gehirns.

Wir sollten uns klarmachen, daß

- unser Gehirn kaum Nährstoffe speichern kann und daher auf die ständige Zufuhr hirngerechter Nahrung angewiesen ist;
- das Gehirn immer – auch im Schlaf – aktiv ist, also ununterbrochen Stoffwechselvorgänge stattfinden;
- im Normalfall 20 bis 30 Prozent der Nahrungsenergie vom Gehirn verbraucht werden, in besonderen Belastungssituationen ist der

Anteil noch höher, und das, obwohl das Gehirn nur eineinhalb Kilogramm wiegt. Das heißt, ob Sie 50 oder 90 Kilogramm wiegen: der Anteil Ihres Gehirns an Ihrem Körpergewicht liegt bei 1,5, bestenfalls bei 3 Prozent;

- eine entsprechende Ernährung («Mentaldiät») die Möglichkeiten unseres Gehirns deutlich verbessern kann, indem sie den Hirnstoffwechsel positiv beeinflußt;
- Abbauprozessen (wie Arteriosklerose) des Gehirns durch richtige Ernährung vorgebeugt werden kann;
- ein Mangel an Nährstoffen zu Niedergeschlagenheit (bis zu Depressionen), Stressempfinden, reduziertem Antrieb, fehlender Motivation und Kreativität führen kann.

Das Gehirn benötigt Zucker, aber doch nicht diesen?

Ein niedriger Blutzuckerspiegel macht auch das Gehirn unlustig. Da helfen kleine «Energieriegel», die, laut ausgeklügelter Werbebotschaft, verbrauchte Kraft sofort wieder mobilisieren.

Das tun sie wirklich. Nur: Das dicke Ende kommt ganz schnell nach. Denn kaum daß der «Energieriegel» eingeworfen ist, beginnt der «Zukkerteufelskreislauf».

Der enthält nämlich Unmengen von Fabrikzucker.

1. Fabrikzucker wird sehr schnell vom Körper aufgenommen, das erhöht den Blutzuckerspiegel sehr schnell, die Bauchspeicheldrüse reagiert mit verstärkter Insulinausschüttung «übertrieben» und senkt den künstlich hochgetriebenen Blutzuckerspiegel im Gegenzug wiederum «übertrieben» stark.

Es entsteht eine mental hemmende Unterzuckerung. Mit entsprechenden negativen Empfindungen und Leistungsstörungen, die nach einem neuen «Energieriegel» verlangen.

2. Fabrikzucker ist ein «leeres» Kohlenhydrat. Energie und sonst nichts. Für die Aufnahme benötigt der Körper unter anderem Kalzium und Vitamin B1. «Energieriegel», Schoko und Coca, Stückchen und Brötchen, Torte und so weiter erzeugen Kalziummangel und Vitamin-

B1-Mangel. Vitamin-B1-Mangel setzt die Funktionen des Immunsystems beträchtlich herab, man wird anfälliger für alle möglichen Krankheiten, das gleiche gilt für Kalziummangel. Der ist nicht nur dafür verantwortlich, daß die Zähne weich und eine leichte Beute der Karies werden, sondern auch für mangelndes Denkvermögen in Stress-Situationen.

Fabrikzucker ist überdies eine Droge. Durch den erzeugten Stress wird die Wahrnehmung normaler geistiger und körperlicher Vorgänge blockiert.

Fabrikzucker ist kein geeignetes Nahrungsmittel für Kinder. Diese Art Ernährung nährt nicht, sie zehrt. Der Körper verbraucht dabei wertvolle Energien, die eigentlich das Gehirn für seine «Arbeit» braucht.

Dagegen sind die Zucker, welche in Früchten und Obst enthalten sind, für den Körper und mental positiv zu bewerten. Auch Honig.

Diese Zucker bringen viele andere Spurenelemente und Vitamine, Ballaststoffe und dergleichen mit. Sie werden langsam vom Körper aufgenommen, erzeugen also nicht nach einer halben Stunde schon wieder neuen Süßhunger.

Wenn Kinder nach Süßem verlangen, kann es sich dabei durchaus um ein natürliches Verlangen handeln.

Wird dieses Verlangen aber mit Produkten befriedigt, die Fabrikzucker enthalten, so werden damit die Gesundheit und die mentale Leistungsfähigkeit der Kinder geschädigt. Es wird eine Spirale in Gang gesetzt, die sich ins Negative dreht.

Wird das Verlangen der Kinder nach Süßem aber mit Sachen aus der Konditorei der Natur befriedigt, so werden Gesundheit und Leistungsfähigkeit und mentales Vermögen kurz- und langfristig positiv beeinflußt.

Einige Regeln einer «Mental-Diät»

Richtige Ernährung ist mentales Training par excellence.

Eine mental richtige Ernährung sollte das ganze Leben über nicht aufhören.

Wie sieht kind- und hirngerechte Ernährung aus?

Wir sind, was wir essen, also sollten wir bewußt essen. Die Substanz der Nahrung formt unser mentales Leistungsvermögen.

1. Gebot – «Nahrungsmittel aus erster Hand» essen.
- Gemüse
- Obst
- Hülsenfrüchte
- Nüsse
- Vollkornbrot
- Früchte/Fruchtsäfte
- Samen

Diese Nahrung liegt am Anfang der Nahrungskette (der Mensch steht an letzter Stelle!). Ihr Nährwert ist entstanden durch das Zusammenspiel von Erde, Wasser, Luft und Licht.

Folgende «Nahrung aus zweiter Hand» ist ebenfalls empfehlenswert (mit den üblichen Einschränkungen in einer verseuchten Umwelt)
- Butter
- Milch
- Käse
- Honig

Mit zweiter Hand ist die «Zwischenverarbeitung» durch Tiere gemeint. Alle Nahrungsmittel sollten so natürlich wie möglich gegessen werden. Denaturierte Nahrung wie Kuchen, Weißbrot, Dosennahrung, gesättigte Fette und gehärtete Öle sollten gemieden oder nur in kleinsten Mengen oder bei seltenen Gelegenheiten verzehrt werden.

Fehlernährung als Ursache von mentalen Einschränkungen

Folgende Verhaltensweisen/Symptome können auf Fehlernährung zurückzuführen als alleinige oder eine von mehreren Ursachen zurückzuführen sein.

- Ist .... oft lustlos, apathisch, antriebsarm, müde, hat es Kopf- und Bauchschmerzen, Schwindelgefühl?
- Ist .... aufgrund dieser Faktoren unkonzentriert und «denklahm», dabei aber motorisch eher hyperaktiv?

Es kann eine Hypoglykämie, eine Unterzuckerung des Gehirns, vorliegen, oftmals bedingt durch zu großen Konsum von Fabrikzucker.

In diesem Fall ist eine Mentaldiät besonders wichtig! Geben Sie Ihrem Kind zusätzlich die nervenwachstumsfördernden Vitamine des B-Komplexes. Hier kommt besonders Thiamin (Vitamin B1) in Frage, da es die Reizbarkeit senkt und die Aufnahmekapazität steigert,

Riboflavin (Vitamin B2) hat sich als eine Art Antistressvitamin bewährt, und Vitamin B3 unterstützt die Enzymbildung und den Kohlehydrat- und Proteinstoffwechsel.

In Tablettenform dürfen diese Vitamine nur in der Umstellungsphase gegeben werden. Ein Zuviel an Vitaminen kann ebenfalls zu Störungen führen.

Schon nach wenigen Tagen reicht die Vitaminzufuhr über die Nahrungsmittel unserer Mentaldiät völlig.

Die Vitamine des B-Komplexes sind besonders enthalten in:

- Eiern
- Getreide
- Hefe
- Keimen
- grünem Gemüse

Dosennahrung, die schon völlig zerkocht oder totsterilisiert ist, Pommes frites und Cola können bei Ihrem Kind zu ernsten Leistungsbeeinträchtigungen und auch psychischen Auffälligkeiten führen, da Chemikalien in ihnen sich auf den Stoffwechselprozeß des Gehirns ungünstig auswirken können.

Wenn es mental richtig sein und außerdem schmecken soll, hier eine Buchempfehlung:

Beate Seeßlen-Hurler, *Das Beste von MacVollwert.* Rezepte für gesunde und schnelle Naschereien, Snacks und Zwischendurchs, die Kinder mögen, ca. 28 DM. Erhältlich beim text-o-phon Versand, Emanuel-Geibel-Str. 18, 6200 Wiesbaden.

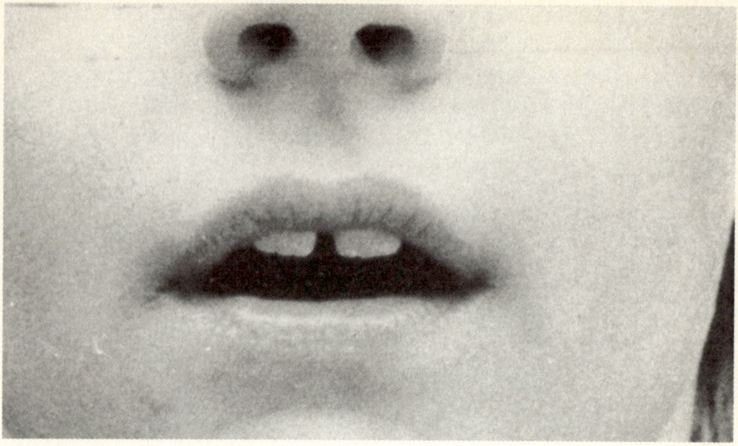

Kapitel 16

Das Sprach-Mentale-Training

Viele Lernprozesse, über die wir an unsere Kultur «angekoppelt» werden, bedürfen der Sprache, sind ohne das Medium Sprache unmöglich.

Sprache ist eine «Abbildung» der Welt in Symbolen, also Wörtern, Begriffen, welche uns die Verständigung mit anderen Menschen ermöglicht.

Sprache gibt es als momentanes Ereignis – beim Sprechen und Hören – und als gegenständliches Abbildungssystem in der Schriftsprache.

Nach neuesten wissenschaftlichen Erkenntnissen beginnt der

Spracherwerb des Menschen schon im Mutterleib – etwa vom vierten Monat an, wenn das Gehirn anfängt, akustische Eindrücke aus der Umwelt zu speichern.

Der Anfang der aktiven Sprachfähigkeit kann darin gesehen werden, daß das Neugeborene bereits nach ca. acht Wochen zu lallen beginnt. Im Gehirn erfolgt beim Lallen eine Rückkopplung zwischen dem sprech-motorischen Zentrum, dem Hörzentrum, und dem Zentrum für Bewegungsempfindung. Selbst das einfache «lalala» des Säuglings ist ein hochkomplizierter und störanfälliger Vorgang im Gehirn! Zunächst ist das Lallen keine Reaktion auf die Umwelt, es ist endogen bedingt, also angeboren.

Mit etwa neun Monaten versucht das Kind differenzierte Laute, die es häufiger hört, zu reproduzieren.

Mit ungefähr zehn Monaten versteht das Kind zwar nicht die Bedeutung der Sprache, aber wenn Sie Ihrem Kind sagen oder laut zurufen: «Vorsicht! Heiß!» reagiert es auf Ihre Mimik, Gestik und Ihren Tonfall, die ihm die Gefahr zeigen.

Mit einem Jahr ist oft die Sprachverständnisschwelle erreicht. Sie zeigen Ihrem Kind eine Kuh und sagen: «Das ist eine Kuh. Die Kuh macht muh.»

«Muh» verbindet sich jetzt im Gehirn Ihres Kindes mit der Vorstellung einer Kuh. Mental gesprochen: Der Regelkreis der Nervenbahnen zwischen dem Sehzentrum im Hinterkopf und dem Sprachzentrum im Schläfenbereich ist hergestellt. Ihr Kind hat jetzt erste Erfahrungen mit der Sinnhaftigkeit der Sprache: Ku – lautsprachlich –, schriftsprachlich Kuh, ist so ein Tier, und das macht «mu» bzw. «muh».

In die Feinheiten der Schriftsprache wird Ihr Kind in der Schule eingeweiht. Es dauert dann einige Zeit, bis es sagt: «Ich wohne in Hannova» und schreibt «Ich wohne in Hannover».

Sprache ist also die Umsetzung der Sinneseindrücke in Symbole, auf die sich viele Menschen geeinigt haben. Das gesprochene und gehörte Wort ist in der Lage, alle Sinneserfahrung wieder wachzurufen.

Mental sieht es so aus:

- Im motorischen Zentrum entsteht eine neurale Erregung, die sich in Lauten äußert.
- Die Sprechbewegungen werden vom Hörzentrum und dem Zentrum für Bewegungsempfindung im Gehirn nach dem Motto «Na, hab ich das auch richtig herausgebracht?» kontrolliert.

Wichtig zu wissen ist noch, daß das Bild von der «Kuh» eher in der rechten und das dazugehörige Wort «Kuh» eher in der linken Hemisphäre steckt. Erst durch eine Zusammenarbeit beider Hemisphären kann Sprache sich entwickeln.

Im Alter von eineinhalb bis zwei Jahren spricht Ihr Kind «Einwortsätze». Darin kann ein Wort viele Bedeutungszusammenhänge haben. «Mama» kann heißen «Tröste mich, ich bin gefallen» oder «Komm endlich und schau dir meinen Turm an!» oder «Ich hab Hunger, wann gibt's was zu essen?»

Mit zwei Jahren schaut sich Ihr Kind leidenschaftlich gern Bilderbücher an. Es will aber nicht nur schauen, sondern den abgebildeten Baum, das Auto, die Kinder in dem Buch auch anfassen oder in den

Mund stecken. Denn es will nicht nur über das Sehen lernen, sondern auch über das Anfassen, Begreifen.

Bei einem Kind von zehn oder zwölf Jahren sieht der sprachliche Entwicklungsstand in der Regel so aus:

- Es kann Wörter präzisieren.
- Es hat einen großen Wortschatz.
- Es beugt Substantive und Verben.
- Es bildet die Sätze entsprechend dem für die deutsche Sprache korrekten Satzbau.
- Es kann oft schon abstrakte Dinge sprachlich denken, zum Beispiel kann es sich jetzt vorstellen, daß der «Tod» eines Menschen bedeutet, daß er nicht mehr zurückkommt, nicht mehr am Leben teilhat wie die anderen.

Da Sprache so besonders wichtig ist, habe ich hier einige mentale Übungen zusammengestellt, die Ihnen und Ihrem Kind bestimmt Freude machen werden.

Übung Nr. 104 Die liegende Acht

Ihr Kind schließt die Augen. Es sagt laut «ma» und geht mit den Augen nach rechts.

Es sagt «me» und geht mit den Augen so nach links, daß eine liegende Acht in seinem Kopf entsteht. Dann sagt es «mi» (Augen nach rechts), «mo» (Augen nach links), «mu» (Augen nach rechts).

Wenn Ihr Kind diese Laut- und Augenbewegung geübt hat, schlägt es sich bei jeder Silbe auf den der Augenbewegung gegenüberliegenden

Oberschenkel: «ma», Augen rechts, einen leichten Schlag mit der rechten Hand auf den linken Oberschenkel usw.

Übung Nr. 105 Das Planetentier

Schließe deine Augen. Stell dir ein Tier von einem anderen Planeten vor. Male dir genau aus, wie es aussieht. Hat es vielleicht gestreifte Augen? Oder gar keine Augen? Ist es so groß wie eine Kirche oder kleiner als eine Mücke?

Wie heißt es?

Nachdem du es nun gut genug kennengelernt hast, denke dir eine intergalaktische Erdenkind-Planetentier-Sprache aus, in der du dich mit ihm verständigen kannst.

Übung Nr. 108 Das Sehen-hören-fühlen-Spiel für zwei

Sie nennen abwechselnd ein Wort.

Ihr Kind fängt an und sagt zum Beispiel «Pusteblume».

Es schaut nach oben und stellt sich eine Pusteblume vor.

Es schaut nach links zur Seite, wartet einen Moment, schaut nach rechts zur Seite (ohne den Kopf zu drehen) und hört, wie eine Pusteblume «klingt». Jedes lebendige Wesen klingt irgendwie.

Ihr Kind schaut mit den Augen nach unten, nach links und dann nach rechts, und während es nach unten rechts schaut, stellt es sich vor, wie die Pusteblume sich anfühlt. Zum Schluß schließt es die Augen und rollt sie so, daß in seinem Kopf die Spur einer liegenden Acht entsteht.

Jetzt sind Sie an der Reihe. Sie sagen vielleicht «Seelöwe», schauen nach oben und stellen sich einen Seelöwen vor (der Kopf bleibt unbewegt!). Ihr Kind macht mit.

Sie schauen nach rechts zur Seite, warten einen Moment, schauen dann nach links zur Seite und hören, was ein Seelöwe sagt.

Sie schauen mit den Augen nach unten links, und während Sie dann nach unten rechts schauen, stellen Sie sich vor, wie sich ein Seelöwe anfühlt. Vielleicht können Sie sogar sagen, wie er sich fühlt, weil Sie selbst zum Seelöwen geworden sind. Und so geht das Sehen-hören-fühlen-Spiel munter weiter.

Anhang

Mentales Training zum besseren Einschlafen

Ein körperlich und geistig gesundes Kind hat einen tiefen und ausreichend langen Schlaf. Schlafstörungen kommen allerdings in bestimmten Situationen auch im Kindesalter vor. Sie sind normal, sollten aber stets ernst genommen werden.

Die häufigste Schlafstörung ist die Einschlafstörung, andere sind Formen des Kopfwerfens oder rollende Ganzkörperbewegungen sowie nächtliches Aufschrecken und Aufschreien.

Vorbedingung für einen festen, tiefen und ruhigen Schlaf von kindgerechter Länge sind Ausgeglichenheit und ein ausreichendes Maß an innerer Entspannung.

Das schlafende Gehirn

Was passiert im Gehirn, wenn wir vom Wachzustand in den Schlafzustand gleiten? Wenn wir uns noch einmal den Aufbau des Gehirns vorstellen (s. auch S. 183), sehen wir, daß im Hirnstammbereich ein vertikal verlaufendes Netzwerk liegt. Es wird Retikulärsystem oder Formatio reticularis (lat. = netzartige Anordnung) genannt. Dieses Netzsystem ist durch Neuronenketten nach oben mit dem Limbischen System – unserem physiologischen Psychozentrum –, nach hinten mit

dem Mittelhirn und nach unten mit den motorischen Zellen des Rükkenmarks verbunden. Die Formatio reticularis regelt die Wachheit und damit auch den Schlaf des gesamten Nervensystems. Sie ist für die Intensität aller Erregungszustände verantwortlich. Sie sucht wie ein Radio den Sender, auf den sie ihre Aufmerksamkeit richtet, und reguliert auch die «Lautstärke».
Der Schlafzustand wird vom Netzwerk im Hirnstamm dadurch eingeleitet, daß es die Erregungsimpulse, die der Großhirnrinde zugeleitet werden, bis auf ein für den ungestörten Ablauf der Lebensprozesse notwendiges Mindestmaß dämpft.
Ist das Limbische System sehr angespannt, da die psychische Spannung noch zu groß ist, ist es auch schwer einzuschlafen.
Im Schlaf ist die Großhirnrinde von ihren Sinnes-Erregungs-Impulsen von außen getrennt. In der Traumphase werden psychische Erlebnisse mental weiterbearbeitet. Das kann zu nächtlichem Hochschrecken führen. Da die Erregungszustände im Schlaf auch motorische Auswirkungen haben können (Herzschlag und Atmung beschleunigen sich, Penis- und Klitoriserektionen können auftreten), kommt es vor, daß im Schlaf Bewegungen ausgeführt werden.

Übung für besseren Schlaf

Gehen Sie mit Ihrem Kind den nachfolgenden Text durch, während es mit geschlossenen Augen im Bett liegt. Sie sollten nach Möglichkeit auf der Bettkante sitzen. «Wir zählen gemeinsam langsam bis zehn: 1–2–3–4–5–6–7–8–9–10. Bei jeder Zahl versinkst du tiefer in deinem Bett! 1–2–3–4–5–6–7–8–9–10.

Du bist ganz ruhig: 1–2–3–4–5–6–7–8–9–10 (ab jetzt zählen Sie allein. Das Kind lauscht nur Ihren Worten und spürt, wie es langsam in einen wohltuenden Schlaf gleitet), 1–2–3–4–5–6–7–8–9–10, 1–2–3–4 …» Wenn Ihr Kind möchte, halten Sie ihm die Hand – nach Möglichkeit mit Ihrer linken die linke Hand des Kindes.

Mental-Märchen für besseren Schlaf

Lesen Sie Ihrem Kind diese Geschichte vor. Oder erzählen sie ihm eine von Ihnen phantasierte ähnliche Geschichte.

Das Kind liegt mit geschlossenen Augen im Bett, und Sie sitzen auf der Bettkante.

«Hirnchen 1 lebt in deinem Gehirn und ist ein Teil von dir. Und weißt du, wo es in deinem Gehirn wohnt? Das will ich dir wohl sagen. Es wohnt ganz nah bei der linken dritten Schläfenautobahn – du weißt doch, wo deine Schläfe ist? – Ja, genau da – an der Neuronenbahn BX 123. Auf Neuronenbahnen bewegen sich die ganzen Gedankenblitze und Informationen ins unserem Kopf. Ja, und ganz genau da wohnt Hirnchen 1 im Zellkern «Justus-Alwine». Das ist sein Haus.

Hirnchen 1 wohnt schon lange da und kennt darum die Gegend, wo es wohnt, also dein Gehirn, schon sehr gut. Manchmal ist es ihm da langweilig, auch heute, und darum möchte Hirnchen 1 gern eine Reise durch deinen Körper machen.

Also steigt es in den, pünktlich alle Hundertstelsekunde abfahrenden Nervenexpress «GTE schneller Blitz». Mit dem fährt es einfach los, bis es, plumps, im Steißbein landet.

Du weißt, wo dein Steißbein ist? Ja, ganz richtig, der harte Knochen unten an deinem Po.

Hirnchen 1 sitzt da nun. Und ihm ist alles viel zu schnell gegangen.

«Was, das war alles? Ich habe ja gar nichts von der schönen Gegend gesehen!»

Also entschließt Hirnchen 1 sich zu einer Fußwanderung und beginnt, mühsam vom Steißbein ins Kreuzbein und die Lendenwirbel hochzukrabbeln. Es kommt sich vor wie der Bergsteiger. Aber dann ist es endlich geschafft. Hirnchen 1 arbeitet sich bis zum Nabel vor.

Und da sitzt es gerade jetzt, jaawohl in deinem Nabel. Und es versucht, über den Nabelrand in die Welt zu schauen.

Aber unter der Decke ist es so dunkel.

Sollen wir sie mal aufschlagen? Schade, zu spät. Hirnchen 1 ist schon wieder in deinen Körper zurück.

Und da – jetzt – sieht es in der Ferne ein großes gelbes Licht, das strahlt und ruft: «Hirnchen 1, komm!»

«Du kennst mich?» fragt Hirnchen 1 erstaunt.

«Ja sicher», antwortet das große goldgelbe Licht. «Darf ich mich vorstellen, ich bin das Sonnengeflecht.»

«Ja, du siehst aus wie eine Sonne, das stimmt. Du leuchtest wie die Sonne, die ich immer von meiner Wohnung im Gehirn durch die Augen von ...(Name) sehen kann, und warm ist es auch in deiner Nähe. Aber, was ist ein Sonnengeflecht?»

«Ein Sonnengeflecht ist ein großes Zentrum von Nerven.»

«Ach so», sagt Hirnchen 1, «mit Nerven kenne ich mich aus, sie sind sozusagen meine Heimat.»

«Ich weiß, ich weiß!» sagt das Sonnengeflecht. «Also, ich hätte nicht gedacht, daß ...(Name) eine Sonne im Bauch hat», sagt Hirnchen 1.

«Im Kopf hat ...(Name) Gedanken. Was machst du Sonne im Bauch denn so den lieben langen Tag? Leuchtest du die dunklen Bauchecken aus?»

«Das Sehen ist schon eine meiner Hauptaufgaben, ansonsten bin ich für das vegetative Gleichgewicht zuständig.»

«Vehemaltives Gleichgewicht?» Hirnchen 1 ist verwirrt. Es denkt nach. Gleichgewicht kennt es vom Balancieren. Gleichgewicht ist, wenn man dabei nicht wackelt. Aber «Vehemaltives Gleichgewicht» – das hat es noch nie gehört!»

Das Sonnengeflecht amüsiert sich. Es ist nicht das erste Mal, daß Besucher nicht wissen, was «vegetativ» bedeutet.

Geduldig erklärt das Sonnengeflecht:

«Vegetatives Gleichgewicht – es geht darum, ob ...(Name) aufgeregt oder entspannt ist. Das ist meine Arbeit. Das steuere ich mit einigen Kollegen und Kolleginnen im Körper.»

«Ach – bist du vielleicht auch für Schlafen zuständig?»

«Ja, irgendwie schon.»

«Ja, dann mußt du mir helfen. ...(Name) kann manchmal nicht so besonders schnell einschlafen. Was könnten wir machen?»

«Das kriegen wir schon hin», sagt das Sonnengeflecht und fängt an zu erzählen.

«Wir spüren die Sonne am Himmel und im Bauch. Die Sonne ist warm und ruhig. Die Sonne sieht alles, weiß alles. Sie weiß, daß ...(Name) sich nicht aufzuregen braucht. Es ist alles gut. Die Sonne am Himmel und im Bauch ist froh, daß es ...(Name) gibt. Die Sonne am Himmel und im Bauch kann in die Zukunft schauen. Sie weiß, alles ist gut und wird gut. ...(Name) ist müde, die Augen sind schwer, die Sonne im Bauch ist immer bei dir.

Du kannst dich auf die Sonne im Bauch verlassen. Sie hält dich warm und beschützt dich.

Deine Sonne im Bauch ist nur für dich da, sie beschützt dich und begleitet dich. Sie ist bei dir, wenn du schläfst.

Du bist ganz müde – ganz müde – die Augen sind schwer.

Du bist warm und schwer und müde und müde und müde ...»

Weitere schöne Einschlafgeschichten finden Sie in dem Buch von

Volker Friedrich und Sabine Friebel, Entspannung für Kinder, das auch in der Reihe «Mit Kindern leben» im Rowohlt Taschenbuch Verlag erschienen ist.

Literaturliste

Achterberg, Jeanne: Die heilende Kraft der Imagination, 1987
Ayres, Jean A.: Bausteine der kindlichen Entwicklung, 1984
Augros/Stanciu: Die Neue Biologie, 1988
Berendt, J.-E.: Nada Brahma. Die Welt ist Klang, 1988
Birkenbihl, Vera: Stroh im Kopf, 1989
Brain Tech/Das Buch (ohne Jahresangabe)
Capra, F.: Das Neue Denken, 1987
Dennison, Paul: Edu-Kinestetik für Eltern, Lehrer und Kinder jeden Alters, 1987
Davis, Paul: Gott und die moderne Physik, 1989
Edwards, B.: Garantiert Zeichnen lernen. Das Geheimnis der rechten Hirn-Hemisphäre und die Befreiung unserer schöpferischen Gestaltungskräfte, 1982
Feldenkrais, Moshe: Bewußtsein durch Bewegung, 1978
Gerken, Gerd: Die Geburt der Neuen Kultur, 1988
Gold, E. J.: Die menschliche biologische Maschine als Apparat der Transformation, 1989
Green, E. u. A.: Biofeedback – die neue Möglichkeit, 1988
Gelb, Michael: Überzeugend reden, erfolgreich auftreten mit Mind-Mapping und Alexander-Technik, 1989
Halpern, Steven: Klang als heilende Kraft, 1985
Hamel, Peter: Durch Musik zum Selbst, 1986
Holler, Johannes: Das neue Gehirn, 1989
Hutchinson, Michael: Megabrain, 1989
Loehr, J. E.: Mental-Training, 1986
Masunaga/Ohashi: Shiatsu, 1989
Monroe, R.: Der Mann mit den 2 Leben, 1981
Muths, Christa: Farbtherapie, 1989
Nagel/Siudzinski/Reese: Megateaching, 1989
Ornstein/Thompson: Unser Gehirn: Das lebendige Labyrinth, 1986
Ostrander/Schroeder: Leichter lernen ohne Streß: Superlearning, 1979
Peter/Gerl: Entspannung für Körper, Geist und Seele, 1984
Restak, R. M.: Geist, Gehirn, Psyche. Geheimnisse des menschlichen Gehirns, 1989
Rozman, Deborah: Mit Kindern meditieren, 1982
Rucker, Rudy: Die Wunderwelt der vierten Dimension, 1987
Sabetti, Stephano: Lebensenergie, 1987
Schwäbisch/Siems: Selbstentfaltung durch Meditation, 1983
Sheldrake, Rupert: Das schöpferische Universum, 1983
Sivanda Yoga Zentrum: Yoga, 1985
Springer/Deutsch: Linkes und rechtes Gehirn: funktionelle Asymmetrien, 1987

Steven, C.: Alexander-Technik, 1989
Talbot, Michael: Mystik und neue Physik, 1980
Tomatis, Alfred: Der Klang des Lebens, 1987
Walsh/Vaugham: Psychologie in der Wende, 1985
Wiener, Norbert: Mathematik – Mein Leben, 1965
Wilber, Ken: Das holographische Weltbild, 1988
Winter, A./Winter, R.: Brainfood – Nahrung fürs Gehirn, 1989
Wolf, F. A.: Körper, Geist und neue Physik, 1989

Bezugsquellen

Kassetten zum Mentalen Training
Verlag Bruno Marin
Auf der Höhe 10
21394 Südergellersen

Hemi-Synch-Kassetten
Dynamis-Institut Harald Wessbecher
(In Zusammenarbeit mit dem Monroe
Institut in Virginia, USA)
Schefflstr. 65
D-76135 Karlsruhe 1

Materialien
K. H. Schäfer
Kleiner Schratweg 36
D-32657 Lemgo

Mind-Machines Megabrain
Friedrich-Ebert-Str. 32
D-40210 Düsseldorf

Zeitschriften
Megabrain Newsletter
Megabrain INC
1375 Sutter Street
San Francisco, CA 94106 USA

OMNI
P. O. Box 3026
Harlan IA 51593-2087 USA

RADAR für Trends
Mit Beilage «Brain»,
Postfach 1230,
D-27726 Worpswede

Pädagogik bei rororo

H. u. J. Bußmann (Hg.)
Unser Kind geht auf die Waldorfschule *Erfahrungen und Ansichten*
(rororo sachbuch 8736)

B. Esser / Ch. Wilde
Montessori-Schulen *Zu Grundlagen und pädagogischer Praxis*
(rororo sachbuch 8556)

Wulf Wallrabenstein
Offene Schule - Offener Unterricht
Ratgeber für Eltern und Lehrer
(rororo sachbuch 8752)
Dieses Buch lädt ein zu einer Entdeckungsfahrt in den Offenen Unterricht und Offene Schulen und informiert engagiert über Wochenplan, Morgenkreis, entdeckendes Lernen und viele weitere Brennpunkte.

K. Dietrich / G. Landau
Sportpädagogik *Grundlagen, Positionen, Tendenzen*
(rororo sport 8623)

Dieter Lenzen
Pädagogische Grundbegriffe
Band 1: Agression - Interdisziplinarität
Band 2: Jugend - Zeugnis
(rowohlts enzyklopädie 487 und 488)

Christoph Lindenberg
Waldorfschulen: Angstfrei lernen, selbstbewußt handeln *Praxis eines verkannten Schulmodells*
(rororo sachbuch 6904)

rororo sachbuch

Else Müller
Hilfe gegen Schulstreß
Übungsanleitungen zu Autogenem Training, Atemgymnastik und Meditation. Übungen zum Abbau von Aggressionen, Wut und Spannungen für Kinder und Jugendliche
(rororo sachbuch 7877)

Klaus-Jürgen Tillmann
Sozialisationstheorien *Eine Einführung in den Zusammenhang von Gesellschaft, Institution und Subjektwerdung*
(rowohlts enzyklopädie 476)

Sämtliche Bücher und Taschenbücher zum Thema finden Sie in der *Rowohlt Revue*. Jedes Vierteljahr neu. Kostenlos in Ihrer Buchhandlung.

3419/3